LEONOR TEJADA

HABLAR BIEN NO CUESTA NADA Y ESCRIBIR BIEN, TAMPOCO

Leonor Tejada

Hablar bien no cuesta nada y escribir bien, tampoco

Quarzo

Quarzo

D. R. © Editorial Lectorum, S. A. de C. V., 2003
Batalla de Casa Blanca Manzana 147 Lote 1621
Col. Leyes de Reforma, 3a. Sección
C. P. 09310, México, D. F.
Tel. 5581 3202
www.lectorum.com.mx
ventas@lectorum.com.mx

L. D. Books, Inc.
Miami, Florida
ldbooks@ldbooks.com

Sexta reimpresión: mayo de 2013
ISBN: 978-1500328726

D. R. © Portada: Blanca Cecilia Macedo

ÍNDICE

INTRODUCCIÓN

Creo que a todos los que escriben, sea cual fuere su género predilecto, les sucede lo mismo que a mí: nunca quedo satisfecha una vez entregado el libro, porque han quedado fuera muchísimas cosas, porque no lo he dicho todo, por que diariamente se producen nuevos hechos, nuevos errores, nuevas palabras... y entonces tengo que iniciar otro volumen.

A eso se debe que mi primer libro publicado —*Hablar bien no cuesta nada*— que, con cierto sentido del humor, calificado de *best seller*, haya tenido continuidad con *Dígalo y escríbalo con pocas palabras... pero correctas.*

Hemos reunido hoy, en un solo volumen, estos dos hermanos que, sin ser gemelos, tienen por lo menos una misma meta: ayudar a las personas comunes y corrientes, como yo, a reconocer pequeños interrogantes, molestos por su frecuencia, y que resulta indispensable dilucidar, tales como

¡y ahora quieren que les escriba un informe!
¿cómo voy a empezar esta carta?
¡Cómo!, ¿que con letra de molde?

Desde luego, este librito no lo resuelve todo. Sirve únicamente como punto de partida para un estudio más a fondo. Tampoco es un libro de texto. Pero tiene la ambi-

9

ción de aclarar muchos interrogantes, y eso es lo que importa.

Hay quienes me presentan como "distinguida lingüista". Nada más alejado de la verdad. Solamente soy una ex maestra dotada de una honorable intuición idiomática, y desesperada al comprobar que son muy pocas las personas beneficiadas con este sexto sentido tan sui generis.

De manera que, sin pretensiones de "alta tecnología" lingüística, pero con sentido práctico, invito al lector a compartir estas experiencias mías cuando hable y cuando escriba.

PRIMERA PARTE
Hablar bien

El castellano se llama hoy español en todas las partes del mundo porque es una lengua universal, con una significación y un contenido cultural sin límites.

Juan Sapiña
(Diccionario Enciclopédico González Porto,
prólogo, tomo I, p. IX)

1. El español, ¿lengua extranjera?

Al celebrar el día del idioma español en abril de 1971, el presidente de la Academia instó a sus colegas a que se unieran a él con el fin de influir en los medios de comunicación masiva y conseguir que éstos difundieran una pronunciación y un empleo aceptables del estándar nacional. A diferencia de los ciudadanos de España, que se tomaban demasiadas libertades con su idioma, el presidente sugería que los mexicanos hablaran bien el español por que lo hablaban como idioma extranjero.

Shirley Brice Heat

Considerando el tesonero esfuerzo que llevan a cabo, a través de las misiones culturales de sus embajadas, muchos de los países de lengua extranjera (Francia, Inglaterra, Estados Unidos, Alemania, Rusia, etcétera) para promover el estudio y el conocimiento de sus respectivos idiomas, ¿no se justificaría que también nosotros protegiéramos nuestro acervo lingüístico, en todos los países de lengua castellana, contra tantas y tan diversas influencias extranjeras —que se revelan principalmente en anglicismos y galicismos— mediante un esfuerzo en favor de nuestro idioma nacional?, que casi podríamos calificar de in-

15

ternacional, dado que es el nacional y oficial de muchos países, no sólo de España.

Evidentemente, en este caso no se trataría de luchar contra los aportes que los idiomas indoamericanos han proporcionado, enriqueciendo el español con voces nuevas, reveladores de culturas, civilizaciones, climas, faunas y floras distintas, sino de proteger nuestro idioma, el que nos es hoy común a todos, contra barbarismos sintácticos y léxicos.

Hace algún tiempo, un erudito escritor y periodista asumía, en un breve artículo, la defensa de nuestro idioma y expresaba más o menos lo siguiente: que cada quien habla como le viene en gana, hasta el punto de que entendernos unos a otros suele representar un verdadero milagro.

Comparto esa opinión; hay ocasiones en que nos entendemos muy mal, a pesar de hablar el mismo idioma y sobre el mismo tema. ¿No ha sufrido nunca el lector ese extraño fenómeno cuyo nombre ignoro pero que se puede expresar por "diálogo de sordos"?

Mas, de ser cierto lo que antecede, ¿no será que el "buen hablar" (el *bien decir*, como decía Sapiña) sólo está al alcance de unos cuantos? En ese caso, el "buen hablar" constituiría exclusivamente un lenguaje profesional, técnico, una jerga que sólo entienden los iniciados. Y lo digo así porque, si la mayoría es la que al final de cuentas siempre tiene la razón, la minoría "bien hablante" carecería de importancia y no podría imponer su criterio a esa mayoría que, por una vez, sería unánime. Y ahí tendríamos el "buen hablar" convertido en lengua muerta practicada por algunos eruditos, y el lenguaje incorrecto de la mayoría convertido en idioma oficial.

Pero eso no es cierto, y no lo es porque he partido de una base intencionalmente falsa. Si recordamos que primero se habló y después se forjó la gramática, basada en lo que se decía, con sus reglas y divisiones —morfología, sintaxis, prosodia y ortografía—, podemos vislumbrar que, en caso de volver ahora las espaldas al idioma tal como lo ha establecido su ordenanza, si dejáramos nuevamente que el lenguaje popular evolucionara hasta formar otro idioma, inevitablemente, al cabo de algún tiempo, se recrearía otra gramática, se forjaría otro ordenamiento contra el cual, a su vez, las generaciones populares del porvenir se declararían en rebeldía.

Porque es cierto que el idioma está en constante movimiento; no es cosa muerta que conserve una misma forma por los siglos de los siglos. La materia prima que lo constituye brota de labios y mentes humanos, se reproduce y se amplía, y gracias a esa flexibilidad y este crecer incesante, a ese abandono también constante —crecer, de formas, hechos y cosas nuevas, abandono de las obsoletas— se adapta continuamente a las necesidades expresivas del ser parlante y del momento de la vida de ese ser y de todos los demás seres que lo hablan. Debe también aceptarse que la idiosincrasia de los habitantes de cada una de las regiones en que se habla un mismo idioma, la naturaleza, la fauna, la flora y el modo de vida influyen en el desarrollo divergente de ese idioma común; ahí, precisamente, hallamos la grandeza del nuestro, capaz de evolucionar para adaptarse y responder a las necesidades de expresión de tantas razas, tantos lugares, tantas actividades distintas.

Esta flexibilidad del español y esa grandeza que su extensión geográfica y su adaptabilidad psicológica le imparten, es lo que debemos conservar sin pretender siquiera neutralizarlo; quiero decir que debe seguir siendo, no el español de esa región llamada España en que brotó, evolucionó, y desde la que se difundió por otras regiones del mundo, no un lenguaje exclusivamente característico de esa región de origen, sino un español común a todos nosotros, con nuestras distinciones características, típicas y, en algunas ocasiones, encantadoras.

Porque, vamos a ver, ¿no es agradable reconocer a una persona y, con sólo oírla hablar, gracias a algunos detalles de su pronunciación o su léxico, saber que procede de Argentina, Cuba o México? Así, como en España se distingue a los oriundos de las distintas provincias por su modo de hablar, también en América es frecuente reconocer a los que, aun hablando español, proceden de otros países del continente; y nos agrada adivinar de dónde provienen.

Esto es cierto tratándose de personas comunes y corrientes. Pero tratándose de gente cuya cultura es superior al promedio, ¿qué sucede? Observen ustedes: el lenguaje es el mismo; la sintaxis, la misma porque es correcta; todos se entienden perfectamente porque no hablan como quieren sino como deben; y además, se oye a veces en su acento un leve dejo vernáculo que permite distinguir, participando en la misma conversación, al letrado de Argentina, de Chile o de México.

Nunca he creído que el color de la piel ni el tipo de la gente sean cosas censurables; lo mismo digo de los modismos. Todas son cosas que nos hacen diferentes, pero, ¡cómo nos une el fondo común del idioma!, ¡cuánto nos aproxima unos a otros!, ¡qué maravilloso es tener algo que compartir!, y ¡qué fácil resulta derribar la torre de Babel! Tenemos algo que nos enriquece a todos, que nos une y hace de nosotros una gran familia, algo desunida, es cierto, como toda familia que se respete, pero que, al fin y al cabo, sobre ese cañamazo que es el idioma común, ha bordado una literatura llamada hispanoamericana, en la que no sólo participa un escaso núcleo nacional, egoísta y apartado, sino a la que contribuyen todos los escritores, poetas, dramaturgos y periodistas de los países que comparten ese mismo idioma... y por extensión, tenemos todo un arte hispanoamericano, a través del cual se expresan nuestros artistas —pintores, escultores, artesanos y arquitectos— y además honramos fraternalmente a todos los héroes que han luchado por la independencia de todas estas regiones, las cuales han conservado el idioma del conquistador, pero sin permitir que éste prolongara por más tiempo su dominio, su tiranía ni su injusticia.

Esta maravillosa riqueza de letras, artes e historia se funde con el idioma compartido. ¿Aceptaremos que tan maravilloso vínculo sea desgastado, maltratado, corrompido y, finalmente, destruido por el mal uso que nosotros mismos hagamos de él?

2. Esfuerzos, dispersos o unidos, para que se hable más correctamente

Un esfuerzo desplegado desde 1972 por el Canal 13 y Jorge Saldaña, por medio de Sopa de Letras, programa en vivo y con teléfono abierto (una docena de telefonistas recibían y transmitían los mensajes), con varios profesores de distintas especialidades, atestiguó, por la abundancia de mensajes que recibió, cuánta inquietud se manifestaba entre el público, y con cuánto interés respondían a las preguntas los maestros Arrigo Coen, Carlos Laguna, Francisco Liguori, Ramón Cruces —éste, en particular, se dedicaba al náhuatl— y una servidora; y amenizaban la aridez lingüística Pedro Brull con su humorismo y Otto Raúl González con sus palindromas.

No debemos pasar por alto las observaciones de Nikito Nipongo que ensartaba perlas japonesas como para hacer un collar de muchas vueltas. Y las "Gramatiquerías" semanales de J. Lázaro Montes también fueron dignas de coleccionarse.

Nadie debe sentirse humillado por el hecho de que otro sepa más; en realidad, todos ignoramos tantas cosas, incluyendo en este pronombre *todos* a los cerebros más privilegiados del género humano, que un poco más o menos de ignorancia no debe constituir una humillación sino más bien una incitación a estudiar.

*Todos somos ignorantes; lo que sucede es que
no ignoramos todos las mismas cosas.*

Einstein

Pero la preocupación general parece ser de carácter léxico; en efecto, tanto neologismo y empréstito a idiomas ajenos resulta un verdadero peligro. Y no hay que olvidar el otro peligro, mayor aún creo yo, porque es el que más entendimiento resta: la pérdida de nuestra sintaxis. Este modo de ordenar las palabras en conjunto, de organizarlas para que signifiquen exactamente la idea que ha de expresarse, está sufriendo una grave crisis, y hay que empezar a superarla antes de que sea demasiado tarde.

LOS NEOLOGISMOS

La introducción de neologismos —como la introducción de "malas" palabras— no es grave; es necesaria porque de un día a otro se inventan cosas, técnicas, acciones nuevas y, como es natural, tenemos que ponerles nombre.

Si bien es cierto que la idiosincrasia de un pueblo da forma y colorido a su lengua, lo mismo hemos de decir de una época: moldea a su manera la lengua que ha recibido de la época anterior.

Lo grave es la alteración de la sintaxis (no importa mucho a qué velocidad vaya el automóvil, con tal de que no se salga de la carretera). De eso trataremos en el siguiente capítulo.

21

3. El deterioro

No cabe la menor duda: cualquier instrumento que se use con frecuencia —qué digo: continuamente— acaba por deteriorarse: se desgasta, se deforma, deja de servir para lo que había sido creado. El idioma es un instrumento y, como tal, también se desgasta y se deforma; el milagro consiste en que, aun desfigurado y alterado, siga sirviendo. Pero eso no significa que no debamos preocuparnos por su buen funcionamiento, lo mismo que si se tratara de un aparato adquirido a cambio de grandes sumas de dinero; lavadora, automóvil, máquina de coser y rasuradora son encomendados al técnico para que sigan desempeñando su trabajo sin fallas ni accidentes; se reparan, lubrican, se les cambian las piezas necesarias, etcétera. Pues bien, debemos ocuparnos de mantener en buenas condiciones esa herramienta incansable que es el idioma. No tendremos que pagar por ello, a diferencia de lo que sucede con las reparaciones de los costosos enseres de nuestra vida moderna, sólo habremos de dedicarle un mínimo esfuerzo.

La negligencia en mantener convenientemente nuestro automóvil podría costarnos la vida, y sin duda al peligro que entraña un descuido se debe a que todo el mundo lo atienda amorosamente. Si nuestra vida peligrara cada vez que atentamos contra el idioma, que alteramos la sintaxis o que nos equivocamos de tornillo... perdón, de palabra, al expresarnos, todos nos mostraríamos muchísimo más prudentes al hablar, y nuestra forma de expresarnos sería de una elegancia meritoria. Entonces, ¿por qué limitar todos nuestros afanes a las cosas materiales? ¿Por qué no hacer algo gratuito, por una vez, algo que no signifique ninguna ganancia en término de lucro o de ventaja material? Mas, ¿de qué estoy hablando? El hecho de que se lean estas líneas significa ya que el lector tiene precisamente el deseo de mejorar su modo de expresión, de conservar este patrimonio que es nuestro y que hemos de legar a nuestros descendientes.

PUNTOS EN QUE SE MANIFIESTA

Uno de los puntos en que se manifiesta más abiertamente ese desgaste es, naturalmente, la pronunciación. Hablamos a toda prisa, nos "comemos" vocales o consonantes, no silabeamos...

Los españoles se comen las vocales —cosa que puede comprobarse en poesía, donde al contar los pies de un verso, se descubre que sobraría uno si se pronunciaran todas las sílabas—. De ahí viene el decir: "estáquí" por "está aquí", expresión que en México siempre se pronuncia correctamente. En cambio, el mexicano se "come" muchas consonantes, en especial cuando la última de la primera palabra es la misma que la primera de la segunda: "Elocovaalago", bien pensado, significa "el loco va al lago", falta que no cometen los españoles. Éstos, en cambio, dirán "estoy cansao", mientras que nunca los hispanoamericanos pronunciarán *ao* por *-ado* en final, salvo escasas excepciones.

Tenemos palabras que siempre se pronuncian mal: *tiatro* por teatro, *pior* por peor, *lión* por león, *riata* por reata, *más vale arriar que jalar* en vez de arrear, decir

23

"arre" (arriar es término de mar: arriar las velas o banderas, bajarlas cuando están izadas); y un locutor pronuncia *inaguró* con la mano en la cintura, cuando la palabra es: inauguró.

Y hay una ERRE mal pronunciada que puede pasar por ESE o la ERRE del inglés, totalmente anterior y emitida desde la cavidad central de la boca con un movimiento especial de la lengua entre las muelas. Así, se oye "mi shey" en vez de *mi rey.* También la pronunciación de Hispanoamérica y de muchas regiones de España se presta a ambigüedades: "Me voy de caza", "Me voy de casa", "Me voy a cazar", "Me voy a casar"... ¿Y las esdrújulas? Quiero decir: esas palabras que llevan el acento en la antepenúltima sílaba, como cántaro, murciélago, céntrico. Pues bien, al parecer tienen un sonido contagioso ya que muchísimas personas, y no de las más ignorantes, han dado en "esdrujulizar" cualquier palabra a la que quieran imprimir mayor énfasis: la télevision, internácional, ímposible... cuando realmente el acento de la palabra no corresponde a ese lugar.

Pero no debemos llegar a echarnos en cara nuestros defectos, ya sean continentales o peninsulares. Si hiciéramos la suma de nuestras deficiencias, el total resultaría abrumador.

Las adopciones representan otra causa de deterioro. Así como a veces los padres se esfuerzan por no querer más al hijo adoptivo que al natural, debemos esforzarnos por considerar que las palabras extranjeras son solamente invitadas, que no forman parte de nuestra familia (excepto, claro está, cuando no disponemos del vocablo correspondiente; en este caso se puede legalizar la adopción).

Así tenemos anglicismos, galicismos, extranjerismos en general (*barbarismos* en realidad, con su sentido original, ya que en el pasado todo lo extranjero se consideraba bárbaro) que casi todos pueden evitarse gracias a la inmensa riqueza del español.

¿Habremos de considerar el uso de las palabras formadas de siglas también como enriquecimientos? NAFINSA... el ISSSTE... el CFE y la CFE...

> *El desarrollo de las lenguas técnicas ha favorecido también la aparición de abreviaturas como UNESCO, ONU, de las cuales ya nadie recuerda con precisión el origen, y que llegan a tener el valor de nombres verdaderos.*
>
> Guiraud

El empobrecimiento es imperdonable. Contemplaremos aquí dos clases de empobrecimiento: el fonético y el de conjugación.

Por fonético entiendo el uso incompleto de todos los sonidos del español: al pronunciar la *c* y la *z* como *ese*, la *ll* como *eye*, se empobrece la suma de sonidos del español. Y es que tenemos muy pocas vocales si comparamos el español con el alemán, el francés o el inglés, por ejemplo, idiomas que aun cuando sólo escriben *a, e, i, o, u*, y, realmente pronuncian una cantidad increíble de sonidos vocales. Las ambigüedades citadas anteriormente son, además, síntomas de empobrecimiento fonético.

En cuanto a la conjugación, hace ya mucho tiempo que vengo observando el abandono creciente del modo potencial o condicional. Este modo (en caso de que el lector haya olvidado sus nociones de gramática de primer grado), corresponde a las expresiones: yo podría, podrías, podría, podríamos, podríais, podrían (que también son correctas expresadas en el modo subjuntivo de carácter condicional: yo pudiera, pudieras, pudiera, pudiéramos, pudierais, pudieran). Y lo usamos, las pocas veces que lo hacemos, en expresiones tales como: De tener dinero, *no estaríamos aquí*, aun cuando más frecuentemente se dice: *no estuviéramos aquí*. También decimos: Quisiéra-

25

mos saber... en vez de *querríamos saber*, y *debieras* visitarme más a menudo... en vez de: *deberías* visitarme. Actualmente, se expresa de preferencia la forma subjuntiva en detrimento de la condicional. Esto es empobrecimiento. Pueden usarse las dos; está bien, entonces: usemos ambas.

> *Modernamente, en Madrid, se emplean en el potencial compuesto las formas* hubiese, hubieses... *y de allí, por imitación, han pasado a la lengua escrita en todas partes: "yo hubiese dicho" por "habría dicho" o "hubiera dicho".*
>
> A. Alonso

Esto es sólo para mostrar que en Madrid como en México y en todas partes decimos lo que no debemos.

EL MODO POTENCIAL

Se llama "pospréterito de valor temporal" (Moreno de Alba)... El pospretérito en el español de México es una forma verbal en decadencia. Esta decadencia es perceptible especialmente en sus funciones temporales, es decir, como futuro de un pretérito, pues no parece sufrir gran menoscabo su frecuencia cuando tiene valores plenamente modales. Y como pospretéritos de valor temporal, nos presenta el autor varios ejemplos: *Él pregonaba que el teatro debería llegar a los sentidos. Pensó que podría sacarse su caso por el lado psicológico.*

En estos dos casos, Moreno de Alba considera que el pospretérito expresa el futuro de un pretérito, y conviene llamarlos pospretéritos de valor temporal.

Pero a los demás usos de este tiempo, les otorga valor modal; más abundantes en México que los anteriores, nos da algunos ejemplos: *Es una persona que podría vivir*

26

como un playboy (si quisiera). *Todos esos resignados, si tuvieran dinero, ya no serían tan resignados.*

"En algunos casos, el pospretérito parece dotar a la expresión de un matiz de cortesía: *Yo le aconsejaría... ¿No tendría usted...?*

"En otros casos, se usa para manifestar afirmaciones en cierta medida dubitativas: *Bueno, yo no diría por culpa. Por una serie de motivaciones que podría yo llamar familiares.*

"Finalmente, se da la forma en *-ría* en expresiones en que su uso no parece obedecer sino a cierto valor literario:

"*La expresión más dinámica de esto sería realmente el psicoanálisis.*

"En estos últimos ejemplos el pospretérito no conlleva idea de duda ni de cortesía, sino que cumple una función meramente estilística: se pueden cambiar los verbos a presente de indicativo sin que se modifique el significado de las oraciones."

Por su parte, Martín Alonso afirma:

"El *potencial* no forma modo propio. Pertenece al subjuntivo con valor optativo o de posibilidad: *Si tuviera dinero, compraría un coche.*"

Y en otra parte:

"Una de las cuestiones más debatidas en el verbo moderno es la del *modo potencial.* De acuerdo con Bello y Lenz, debería incluirse en los tiempos del indicativo como un *pospretérito* o *futuro del pasado.*"

A. Alonso y H. Ureña dicen que:

"El considerar modo a la forma *-ría* no es, en verdad, más objetable que el considerarla tiempo.

"Nosotros lo incluimos en el subjuntivo. Es la expresión de una hipótesis que tiene que aceptar el interlocutor como posible."

De esta manera sigue abierto el debate sobre el modo potencial o el pospretérito o lo que sea. En cuanto a mí, sin participar en la contienda con tan doctos autores, me limito a decir: es un tiempo que da agilidad a la frase, que expresa lo que necesita expresar y que sería una lástima que se perdiera.

ORGANISMOS ENCARGADOS DE FRENAR EL DETERIORO

¿Acaso los hay? Podríamos decir que los responsables no tienen responsabilidad alguna, aunque parezca una contradicción. Lo que quiero decir es que las distintas academias nada pueden hacer para poner coto al desenfreno idiomático de todas nuestras poblaciones, pues carecen de autoridad (como la ONU). Aparecen a veces sueltos en los periódicos, algún escritor intenta acudir en defensa del idioma por medio de libros, artículos en periódicos y revistas, se editan nuevas gramáticas, hay maestros dedicados con ahínco a inculcar buenos principios gramaticales a sus discípulos: total, que todo sigue igual... no, igual no, peor.

Sin embargo, existe un organismo capaz, si quisiera y supiera, de ejercer una influencia decisiva en el lenguaje de todos los días: es la censura.

La censura estudia detenidamente los anuncios por publicarse en prensa, radio y televisión, pero desgraciadamente sólo lo hace desde el punto de vista de la moral (eso señaló el licenciado Agustín Barrios Gómez en un *5mentario*, canal 5 de televisión de la ciudad de México hace muchísimo tiempo). O sea, que la censura permite que se fomente el consumo de bebidas alcohólicas y de cigarros y el uso de expresiones incorrectas que no quiero repetir para no darles mayor difusión aún, pero no permite que se usen expresiones que, desde el punto de vista psicológico, pudieran incitar al sexo.

Esa es la explicación que me han dado al asombrarme yo ante lo que consideraba inexacto de parte del licenciado Barrios Gómez, pues todos podemos comprobar que demasiados "secretos de alcoba" femeninos y masculinos se revelan en la pantalla chica.

Pues bien, existiendo la censura, ¿por qué no extender sus atribuciones y permitir que se vete cualquier anuncio incorrecto desde el punto de vista del idioma? Esa sería una medida eficaz que no exigiría la creación de un organismo nuevo sino, y únicamente, que los censores en actividad remozaran un poco sus conocimientos gramaticales.

Otra posibilidad consistiría en que cada rótulo, anuncio o comunicación que se destinara al público, tuviera que estar correctamente redactado, so pena de multa (es un buen "norte" para la Tesorería, ¿no?). Si las infracciones de tránsito, la falta por el pago de impuestos, las faltas a la moral son sancionadas por la ley, ¿no podría también castigarse al transgresor que adulterara el idioma nacional? Los ingresos se dan lo suficientemente elevados como para pagar hasta el último centavo de la deuda nacional de *todos* los países de habla española.

El esfuerzo del lector

Por su parte, cada individuo puede —lo mismo que en el caso de una pieza mecánica desgastada y deformada que se cambia por una nueva, idéntica a la vieja cuando aún servía— cambiar las palabras deformadas y restituir palabras correctas, sin gastar ni deformar, a su vocabulario. Quien haya desgastado su palabra "peor" y la pronuncie *pior*, que la tire a la basura y ponga un "peor" flamante y bien dicho, en su lugar.

En un programa de televisión (pero no televisivo, ¡por favor!) llamado *Encuentro*, uno de los académicos participantes insistía en que "para que el pueblo hable bien, es menester que escriban bien los autores". Por lo general, los autores suelen escribir bien. Pero no siempre los lee el pueblo. Es este pueblo el que "debe comenzar la revolución desde abajo", si se me permite hacer uso de expresiones usadas por los políticos. Empezando por la prensa escrita y hablada, prosiguiendo con la depuración del lenguaje usado en los espectáculos de radio y televisión (radionovelas y telenovelas), el público en general se irá acostumbrando poco a poco a decir bien las cosas. Y tal vez quienes se dirigen al público en forma algo incorrecta hagan a éste el honor de tratarlo con respeto, hablándole correctamente, aun cuando para asegurarse de haber sido entendidos tengan que repetir varias veces lo mismo, de distinta forma, pero siempre correctamente.

4. Lo incorregible

Evidentemente nadie, por erudito, pedagogo, gramático y convincente que sea, conseguirá corregir ciertos vicios de lenguaje que han echado raíces tan profundas que, ¿quién las arranca? La primera vez que le oí decir a un señor: "Se me alebresta y tuve que imponérmele", pregunté, sin comprender: ¿Qué es alebrestar? Sorprendido, el señor me miró y explicó: "Es que se me rebeló, se me vino encima." Una de las veces que consultaba yo el diccionario —una de las mil veces al día... tal vez sólo sean cien— vi casualmente la palabra "alebrestarse" y la voy a copiar para beneficio del lector:

Alebrestarse: Alebrarse.
Alebrarse: Echarse en el suelo pegándose a él como las liebres. *2 fig.* Acobardarse.

Éste es un ejemplo de deformación del sentido. ¿Creen ustedes que, aun cuando se publicara en carteles distribuidos por todo el país, habría de volver esa expresión a su sentido original? Yo no lo creo y por eso la clasifico entre lo incorregible. (El diccionario de González Porto indica que *en México* significa "alborotarse".) Ahí coloco igualmente la palabra *profesionista* (que aquí significa profesional, es decir, que ejerce una profesión), que parecería indicar a la persona que trabaja en profesión o profesiones, como el *prensista* trabaja en la prensa, el *orga-*

nista toca el órgano y el *minorista* vende al por menor. ¿Y los publicistas? Acostumbrábamos considerar como publicista al: *1)* "Autor que escribe del derecho público, o persona muy versada en esta ciencia. *2)* Persona que escribe para el público, generalmente de varias materias"; mientras que ahora, *publicistas* son quienes viven de la publicidad. ¿Y el verbo *presupuestar*? No existía, y lo que significa se decía *presuponer*. Sin embargo, la Real Academia Española lo aceptó en 1960, y lo mismo pasará con todos los demás términos "incorregibles", el uso impondrá su inclusión en el buen lenguaje.

Hay, sin embargo, expresiones incorregibles que gozan de mi valimiento (y no sólo del mío, sino del de todos) y son los *modismos*.

Los modismos son expresivos, gráficos, prácticos, típicos, útiles y, en muchos casos, efímeros. Con gran frecuencia se abandonan por haber pasado de moda, para ser reemplazados por otros, impuestos a su vez por la siguiente generación.

Además, una misma expresión puede indicar cosas distintas en los diferentes países que hablan español.

Dar calabazas: En México, ir adonde otro; por ejemplo, no comprar ya en mi tienda sino en otra. En España: no aceptar las relaciones: Sigo cortejándola pero siempre me da calabazas.

Más vale lo bueno conocido que lo malo por conocer: así se dice en España; pero en México: *Más vale lo malo por conocido que lo bueno por conocer.*

Harto es adjetivo cuando decimos: estoy *harto* de trabajar; pero se emplea como adverbio en estas dos expresiones: Estoy contento y Me da *harto* gusto, las cuales son correctas. Sin embargo, como modismo, pasa, pero gramaticalmente no es correcto, en lo siguiente: Habíamos *hartos*... había *harta* gente.

Veamos cómo traducir al español expresiones como éstas:

Es mucho muy bonito.
Sáquese.
No muy me gusta.
Ultimadamente.
Siempre no.
De lo que te estás perdiendo.
Espérame tantito.
Ni modo...
De al tiro...
Me vale...
Me vale gorro...
Me vale bolillo...
¡Pácatelas!
A todo dar.
Ándele.
No le aunque.
Está de la patada.
Es un jijo.
¡A poco!

Sí, podemos encontrar otra expresión, castiza, que diga más o menos lo mismo, pero le habremos quitado lo típico... como quien dice, será un taco sin chile. Y lo que digo de nuestros modismos mexicanos puedo decirlo de los españoles. Si los suprimimos por su falta de elegancia y distinción, nos quedamos con un idioma neutro, plano y de sangre azul; pero la sangre debe ser roja.

Los franceses lo han entendido muy bien: la persona que mejor hable francés, con una sintaxis perfecta y un vocabulario selecto, no tiene empacho, para poner en valor todas esas virtudes, en introducir de cuando en cuando una expresión de *argot* que es como un granito de pimienta en un manjar algo insípido.

33

Por eso hay que distinguir entre incorregible e incorregible. Mejoremos nuestra sintaxis, pronunciemos bien, pero conservemos esos modismos que agracian al hablante de cada país y conservan la personalidad del nativo.

5. Minidosis de gramática

Cuando inicié esta obrita, pretendía prescindir de cualquier referencia a la gramática, de la menor expresión gramatical, pero al comprobar que resultaba imposible darme a entender sin, por lo menos, alguna explicación sobre la nomenclatura, he tenido que transigir para hacerme entender de lectores que tal vez hayan olvidado el significado de ciertos términos gramaticales.

Verbo transitivo (abreviatura: *tr.*), llamado también verbo activo: este verbo expresa una acción que se transmite del sujeto (el que la ejecuta) al objeto (el que la recibe directamente): *Chucho escribe una carta. Los niños escuchan tus canciones.*

Sujeto $\left\{\begin{array}{l} \text{Chucho} \\ \text{Los niños} \end{array}\right.$ Verbo $\left\{\begin{array}{l} \text{escribe} \\ \text{escuchan} \end{array}\right.$

Complemento directo $\left\{\begin{array}{l} \text{una carta} \\ \text{tus canciones} \end{array}\right.$

Verbo intransitivo (abreviatura *intr.*), o neutro, es aquel cuya significación no pasa o se transmite de una persona o cosa a otra: *Ha nacido un niño. El público entra en el cine.*

| Sujeto | { Un niño
 El público | Verbo | { ha nacido <br> entra |

El lector recuerda que *adjetivo calificativo* es la palabra que se agrega al nombre sustantivo, propio o común, para indicar alguna virtud o algún defecto: La *bella* Luisa, el *pobre* Juan, un libro *interesante*. Abreviatura: *adj.*

También recordaremos al lector que el *modo indicativo* es el que nos permite hablar, generalmente, de cosas reales: hace frío, se cayó la campana, hemos leído un libro, habías visto cosa igual.

En cambio, el *modo subjuntivo* servirá para expresar duda, sentimiento, temor o voluntad: No creo que *lleguen* a tiempo, lamento que *haya* ocurrido, tengo miedo de que nos *vean*, quiero que me *digas* la verdad.

El Diccionario de la Real Academia Española (que preferiríamos llamar Academia del Español, dado que entre el número de personas que hablan este idioma, la mayoría no tiene esa nacionalidad) dista mucho de ser ideal para tantos que parecen empeñados —y en demasiadas ocasiones, con razón— en criticar las decisiones de la docta asamblea. Sin embargo, así como hay una policía de tránsito para reglamentar la circulación de personas y vehículos, y que sin duda tampoco es perfecta en lugar alguno (aunque me cuentan que en Japón es mejor que en otras partes), debemos atenernos al arbitrio de ALGO para entendernos (o para no sufrir accidentes de tránsito). Puesto que disponemos de ese diccionario que tan caro cuesta, hay que aprovecharlo.

La Academia española debería resolver todas las dudas, responder a todas las preguntas, enmendar todos los errores.

Pero es precisamente la Real Academia la que se hace reo de ciertas acusaciones, pues en algunos casos permite dos cosas que se contradicen, dando lugar a que el hablante vacile.

Veamos el *le* y el *lo*. La Academia permite que se usen indiferentemente como complementos directos. Puedo decir *lo* miro o *le* miro, *lo* escucho o *le* escucho; pero hablando en plural, solo puedo decir *los* miro y *los* escucho. ¿Entonces?

Cuando se trata de expresar el segundo *complemento*, llamado *indirecto* (entregué tu carta a *Elena*, traje flores a *mis tías*); usamos *le* y *les*, por ejemplo: *le* entregue tu carta, *les* traje flores. Naturalmente, porque este pronombre que es complemento indirecto, se usa en plural como tal.

Por otra parte, siempre en el renglón de los complementos directo e indirecto, comprobamos que éstos suelen ir introducidos en muchas ocasiones por la preposición *a*. Ejemplo: Hablo a los *novios* y *les* hablo en español; aquí, el sustantivo *novios* y el pronombre *les* son complementos indirectos. Pero si digo: Miro a los *niños* y *los* escucho, el sustantivo *niños* y el pronombre *los* son complementos directos; observamos que "Miro *a* los niños" lleva una preposición *a*.

Al buscar en el Diccionario de la Academia (18a. edición), encuentro diecinueve acepciones entre las cuales no aparece la correspondiente a la que antecede: *a* introduce un complemento directo que sea persona determinada. Pues bien: todos los maestros que hayan dado clases de español a extranjeros han tenido que explicárselo a sus alumnos, aun cuando en muchas ocasiones infructuosamente, ya que los extranjeros no logran entender a qué se debe la diferencia:

"Busco a la vecina" cuando se trata de una vecina en particular, o de la vecina única.

"Busco una vecina" cuando hay muchas vecinas y basta con una, cualquiera de ellas; o si no tienes vecina, buscas una para sentirte menos solo.

En las siguientes páginas veremos un número bastante importante de incorrecciones usuales que pretendemos corregir, limitando las explicaciones a lo que buenamente pueda entender quien, aun sabiendo leer y escribir, no haya dedicado la menor atención al estudio de la gramática, materia contra la cual claman todos los estudiantes (en veinte años dedicados a la enseñanza, sólo cuento en mi haber a cuatro personas —y la cuarta era hermana de una alumna mía— que confesaron gustar de la gramática).

Me he tomado la libertad de traducir y reproducir un cuadro de clasificación del idioma, publicado por madame Colette Stourdzé, del Institut des Professeurs de Français a l'Etranger, Sorbona, París, en Le Français dans le Monde, junio de 1969, página 21.

Lenguaje popular	Lenguaje contemporáneo			Lengua clásica
	Uso correcto		Lenguaje literario	
	Lenguaje familiar	Lenguaje corriente	Lenguaje esmerado	
		hablado	escrito	
instintivo			elaborado	

Esta división del francés puede servir igualmente para el español. Tenemos una *lengua clásica* que nadie usa, y luego el *lenguaje contemporáneo*. Dentro de éste se encuentran: el *lenguaje popular*, no muy elegante, el uso correcto que corresponde al uso familiar, gremial y profesional y también al de nuestras relaciones fuera de esos "gremios", además del lenguaje esmerado, por ejemplo en clase, en conferencias y con personas de respeto. El *lenguaje corriente* no es el mismo al hablar que al escribir: decimos muchas cosas que no escribiríamos, porque "las palabras vuelan y los escritos quedan", y aunque no es posible ya corregir lo mal dicho, que se lleva el viento, lo mal escrito perdura como testimonio.

Dos grandes divisiones más son el lenguaje instintivo y el elaborado, abarcando cada una de ellas varias de las anteriores.

Vamos, pues, a corregir algunos de nuestros más flagrantes vicios de lenguaje.

6. Palabras y expresiones de empleo incorrecto, dudoso... o aceptado

Para explicar por qué se emplean mal y cómo deben emplearse, nos referimos al Diccionario de la Lengua Española, editado por la Real Academia Española abreviado en DRA o DA por "Diccionario de la Academia", en ocasiones al Diccionario de Uso del Español, de María Moliner o a la Enciclopedia del Idioma, de Martín Alonso, reconociéndose estos dos últimos por (MM) y (MA) respectivamente cuando corresponda.

ACORDARSE. (véase: RECORDAR).

AFRONTAR *un problema*

Encontramos frecuentemente este verbo en expresiones habladas o escritas semejantes a la indicada.
Afrontar: poner una cosa enfrente de otra. 2. Carear. 3. Hacer frente al enemigo. 4.Arrostrar (hacer cara, resistir, sin dar muestras de cobardía, a las calamidades o peligros):
Afrontarse con las dificultades.
Confrontar: Carear una persona con otra. 2. Cotejar una cosa con otra, y especialmente escritos.
*Enfrentar:*Afrontar, poner frente a frente.
Afrontar: hacer frente, oponer.
Debemos *afrontar* la situación.
Hemos *confrontado* ambos escritos: no coinciden.
Nos *enfrentamos* a un grave problema.

Estamos ADENTRO

Dentro: en la parte interior de un espacio o término real o imaginario. Dentro de un cajón, de una ciudad, de un año. *Adentro:* A, o en lo interior. Se usa con nombres sustantivos:
Mar *adentro*. Se metió por las puertas *adentro*.
Estamos aquí *dentro*.
Vamos *adentro*, que aquí hace frío.

Hemos *estado* AFUERA *todo el día*

Fuera: en la parte exterior de cualquier espacio o término real o imaginario. FUERA de casa, de tiempo, de propósito.
Afuera: Fuera del sitio en que uno está: Vayamos AFUERA.
Considerando los ejemplos del Diccionario de la Academia, diremos *fuera* cuando no hay movimiento, y *afuera* cuando lo hay hacia el exterior.
Vamos *afuera*. Necesito tomar el aire.
Es un señor que viene de *fuera*.
No nos quedemos *fuera* de ese negocio.
Estamos *fuera*. Estamos *dentro*.

AGUDIZAR

Se ha *agudizado* la crisis. Es mucho mejor decir que la crisis ha empeorado.
Se ha *agudizado* el problema, la crisis; o la situación.
Es mucho mejor decir:
Ha *empeorado* la situacion.
La crisis se ha *agravado*.
El problema se ha *agravado*.
Agudizarse: barbarismo por agravarse, hablando de enfermedades (MA).

Agudizar, agudizarse: significado deducible. [Vease: agravar(se), exacerbar(se), recrudecer(se) (MM)]
¿Y el horrible sustantivo de confección inconfesable: agudización?

Un problema de LARGA DATA

Aun cuando, efectivamente, esta expresión se encuentra asimismo en el Diccionario de la Academia: *larga data*: tiempo antiguo o remoto, "eso es de larga data", no por ello deja de tener cierto olorcillo a galicismo.
¿No sería mejor decir: "un problema que viene de tiempo atrás"?

DEVOLVERSE *a su pueblo*

Lo emplean personas que hablan muy bien y, por lo tanto, me encuentro ante el dilema: corregirlo o no.
Devolver: volver una cosa al estado que tenía, restituirla.
Sinónimos: volver y retornar.
Significa: regresar a su pueblo.

ALISTARSE

Se *alista* a salir.
El verbo alistar tiene dos significados; el primero es militar. El segundo tiene como explicación en el Diccionario de la Real Academia: *prevenir, aprontar, aparejar, disponer*. Éstos son sinónimos, pero por mucho que me esfuerce, no encuentro la posibilidad de hacer una frase coherente con ninguno de ellos.

Se PREPARA *para salir*
"*Se apresta* a salir" está un poco mejor.

El mayor inconveniente que le encuentro a *se alista* es su connotación militar.

Al decir "*Se alista* a salir" estamos usando este verbo como reflexivo, siendo transitivo. Entonces deberíamos decir: *Alista* sus cosas para salir.

ANIMOSIDAD

Hay personas que usan esta palabra para indicar alegría, ánimos sobre todo. Pero la animosidad significa lo contrario, aun cuando la segunda acepción de *ánimo* en el Diccionario de la Real Academia significa *valor, esfuerzo, energía.*

Animosidad: primera acepcion: ánimo.

Animosidad: segunda acepción: *ojeriza, aversión.*

Esta segunda acepción es la que se emplea más usualmente. Y es natural, ya que ánimo tiene su propio significado inconfundible.

ASCENDENCIA; DESCENDENCIA

Dios maldijo a Caín y a toda su descendencia, o sea, a todos sus hijos y descendientes. Pero decir que "ese señor es de *descendencia* hispana", cuando todos sus hijos son mexicanos, es una barbaridad.

Aquí conviene decir que es de *ascendencia* hispana, que su *linaje* es hispano, que sus antepasados fueron hispanos.

Se sabe AUTORIZADAMENTE

Este adverbio significa: con autoridad. 2. Con autorización. Ninguna de estas dos acepciones explica lo que se quiso decir, pues se sabe una cosa a ciencia cierta, de buena fuente, de memoria, al dedillo, y para saber no se necesita autorización.

Tal vez quien así habla haya querido decir: Se sabe, de fuentes *autorizadas*...

Caro

Esta ropa cuesta *caro* está mal dicho.
Sí, debe decirse:
Esa *ropa* cuesta *cara*, esos *zapatos* cuestan *caros*, esas *alhajas* cuestan *caras*, etcétera.

Coadyuvar en esa empresa

Aun cuando se emplea frecuentemente, y en el sentido correcto, la palabra resulta algo pedantesca.
Coadyuvar: Contribuir, asistir o ayudar a la consecución de alguna cosa.
Pues bien, cualquiera de los tres verbos explicativos resulta más usual y cómodo. Y tenemos: *ayudar*, *auxiliar* y *cooperar*, según el caso.

Consagrar

Encontramos con demasiada frecuencia que "ese libro está *consagrado* al estudio de...". La *consagración* es algo distinto, de carácter más religioso. Mejor es decir: "está *dedicado* al estudio de..." Tampoco nosotros nos consagramos a un trabajo. Nos dedicamos, cada quien se dedica a sus ocupaciones.
El verbo consagrar sólo en su sexta acepción indica "figurado: *Dedicar* con sumo ardor y eficacia una cosa a determinado fin". Pues ya está: *dedicar*, y no en sentido figurado.

44

CUÁL pasta dental

Casi siempre se oye el pronombre *cuál* al lado de un sustantivo. En estos casos debería preguntarse: ¿*cuál* es la pasta dental...?, ¿*cuál* de esos libros te gusta más? Pero, ¿*qué* pasta dental?, ¿*qué* libros te gustan? En este caso, *qué* + sustantivo equivale a *cuál*, solito.

DUPLICIDAD; DUPLICACIÓN

Duplicidad: Doblez, falsedad; calidad de dúplice o doble.
Duplicación: Acción de duplicar o doblar.
Que la idea de doble y doblez no nos engañe: duplicación es el trabajo de hacer una misma cosa por segunda vez, por ejemplo, la reproducción de documentos. Duplicidad tiene el sentido de doblez, pero como cuando decimos "ese tipo tiene dos caras", es un hipócrita, un falso.

Una ceremonia EMOTIVA

Emotivo; emocional; emocionante
Emocional: perteneciente a las emociones.
Emocionante: que causa emoción.
Emotivo: relativo a la emoción. 2. Que produce emoción. 3. Sensible a las emociones. Si consideramos esta tercera acepción de *emotivo*, comprobamos que es la palabra exacta para indicar el carácter de quien se emociona fácilmente. En cuanto a *emocionante*, significa únicamente "que provoca o causa emoción".
Conservemos, pues, separados ambos sentidos, y digamos: *Una ceremonia* EMOCIONANTE
Luisa, que es muy EMOTIVA, *prorrumpió en llanto.* En cuanto a emocional, lo reservaremos para circunstancias

45

tales como: Fue un arrebato *emocional*. No es una enfermedad, sino un trastorno *emocional*.

ENTRENAR; ENTRENAMIENTO

Estas palabras fueron aceptadas en 1960 (Boletines de la Real Academia Española). Parecen pertinentes tratándose de deportes, cuando significan que se prepara uno físicamente para pruebas y competencias. Pero tratándose de algo material, e inclusive manual, parece mucho más adecuado nuestro "adiestrar".

Si decimos: "Debemos *entrenarnos* para hablar bien" suena a barbarismo: para eso no hace falta entrenamiento. En cambio, vamos a *adiestrarnos* en el arte del buen lenguaje.

Entrenar: ensayar, adiestrar, ejercitar, acostumbrar (L. M. Sánchez López).

Adiestrar: Hacer diestro. Enseñar, instruir.

Seguiremos un rígido *entrenamiento* para obtener el primer lugar en el torneo de esgrima.

ENTROMETIDO

El diccionario nos envía a *entremetido*, que es la palabra correcta. Aunque todos seguiremos diciendo: ese tipo es un *entrometido*, porque la costumbre está muy arraigada y, además, la palabra se encuentra en el diccionario.

Durante su ESTADA en México

Estada: mansión, detención, demora que se hace en un lugar o paraje.

No se habla para nada de la permanencia de una persona en cualquier lugar, sino de detencion o demora, ambas palabras aparentemente inspiradas en algo inesperado o involuntario.

46

He buscado en *estancia* y *estadía*, las cuales tampoco responden a la idea de la persona que empleó esa frase; ninguna de las tres deberá, pues, emplearse en esta coyuntura. Lo más apropiado parece:
Durante su *permanencia* en México.

ESTALLAR; EXPLOTAR

Un famoso diputado español a quien pedían cuentas por las bombas que *explotaban*, exclamó: "Cuando *explota* una bomba, estalla la gramática."
Efectivamente, *estallar* es hacer *explosión*.
Explotar significa: 1. extraer de las minas... 2. *fig.* sacar utilidad de un negocio. 3. *fig.* aplicar en provecho propio.
ESTALLA *una bomba.*
Ha ESTALLADO *una revolución.*
ESTALLÓ *su ira.*
ESTALLÓ *en gritos de alegría.*
La EXPLOTACIÓN *de mujeres y niños es ilegal.*
EXPLOTAREMOS *esas buenas disposiciones pidiéndoles un favor.*
Sí, ya lo sé, la Real Academia ha aceptado *explotar* con el sentido de *explosionar* (¿no es precioso?) o hacer explosión. Pero sigue pareciéndome mal a mí. ¿Y a usted?

Muchas GENTES *creen que...*

Gente: pluralidad de personas.

Debe decirse *la gente* y no *las gentes*, es decir, en singular.
Excepción: Derecho de *gentes*, trato de *gentes*, don de *gentes*, que son expresiones hechas, así como El Apóstol de las *gentes*. Mucha *gente* cree que...

Mi abuelo me HEREDÓ

Heredar. Suceder por disposición testamentaria o legal en los bienes y acciones que tenía uno al tiempo de su muerte. 2. *fig.* Instituir uno a otro por su heredero.

De acuerdo con el DRA, encontramos que "Mi abuelo me heredó" se dice en sentido figurado...

Heredar *de* un pariente, heredar *a* su tío, heredar *en* o *por* línea recta.

Diremos mucho mejor: *Heredé* de mi abuelo, pues si "mi abuelo me heredó", parece significar que yo fui la herencia que le tocó a mi abuelo, y no era eso lo que pretendió decir el heredero.

HUMANISTA; HUMANITARIO

Humanista (sustantivo): persona instruída en letras humanas.

Humanitario: que mira o se refiere al bien del género humano.

No deben confundirse estas dos palabras, ya que la primera implica cultura, mientras que la segunda se refiere a sentimientos o compasión por las desgracias de nuestros semejantes.

Don Fulano se ha visto IMPLICADO *en un escándalo financiero.*

Implicar. envolver, enredar.

Este uso es correcto.

Su declaración IMPLICA *su conformidad* con el acuerdo.

Implicar. segunda acepción, *fig.*, contener, llevar en sí, significar.

Vendré mañana; eso no IMPLICA *concesión alguna de mi parte.*

48

Implicar: tercera acepción, *intr.* Obstar, impedir, envolver, contradicción. Se suele usar con adverbios de negación, como en este caso.

Implicación: contradicción, oposición de los términos entre sí.

Implicatorio: que envuelve o contiene en sí contradicción o implicación.

Aquí tenemos un ejemplo de anglicismo, adoptado a través de las traducciones. En inglés, *to imply* significa: poner en conexión íntima o incriminatoria. Sinónimo: *to involve:* traducido por involucrar. El origen latino de la palabra (*implicare*) es común al inglés y al español en *implícito* (de lo que se entiende incluido en otra cosa sin expresarlo; es igual en inglés y responde a la voz *implied,* implicado).

IMPLICARSE *con alguno.*
IMPLICARSE *en algún enredo.*

INFRINGIR; INFLIGIR

¿Cuál de los dos?

Hace poco aparecía, en la publicidad de una película, el daño que puede ser *infringido* al hombre por el hombre; en otra parte del mismo periódico: "el daño que puede ser *infligido* al hombre por el hombre". Lo cual representa una falta de seguridad de parte de quienes redactan los artículos.

Infringir: quebrantar, quinta acepción. *Quebrantar:* traspasar, violar una ley, palabra u obligación.

Infligir: hablando de castigos y penas corporales, imponerlas, condenar a ellas.

Por lo que habremos de decir:

Por haber *infringido* la ley, el juez le *infligió* una pena de tres años.

No se puede *infligir* a un niño tan pequeño un castigo tan severo. El que *infringe* los reglamentos deberá atenerse a las consecuencias.

Un libro INTITULADO...

Intitular: poner título a un libro u otro escrito. Dar un título particular a una persona o cosa. Nombrar, señalar... Dedicar una obra...
No aparece *intitulado* como participio pasado de ese verbo, en calidad de adjetivo. Lo que sí aparece como adjetivo es *titulado*, participio pasado del verbo *titular:* poner título, nombre o inscripción a una cosa. Es decir, que, de acuerdo con los infinitivos, podemos usar cualquiera de estos dos participios pasados; pero si consideramos que *titulado* es adjetivo por derecho propio, lo emplearemos preferentemente. Además de que su aspecto es mucho mejor, ¿no es cierto?
Hemos leído una novela TITULADA *La ilustre fregona.*

Ese señor está INVOLUCRADO *en un escándalo*

Involucrar (del latín, palabra que corresponde a envolver): Injerir en los discursos o escritos, cuestiones o asuntos extraños al principal objeto de ellos.
De acuerdo con esta definición:
Ese señor no está *involucrado* sino *comprometido* en el escándalo.
Podemos emplear igualmente *complicar* o *mezclar,* pero el verbo involucrar se está imponiendo como un anglicismo más, introducido por las traducciones.

Dos carros no LIBRAN

Esto no tiene importancia, pues pertenece a la jerga de los tranviarios, pero esa expresión me había intrigado tanto que la creo capaz de despertar también la curiosidad de otras personas. Significa que, en un lugar dado y aun habiendo vía doble, no caben dos tranvías (dos *trenes,* como se dice en México) uno junto al otro. Pero el verbo *librar* en este uso no responde a ninguna de las acepciones que da el diccionario, por lo que habremos de quedarnos con nuestra interpretación propia.

Nuestra lucha LIBERTARIA

Dícese frecuentemente en celebraciones patrióticas y en ceremonias de aniversario de la Independencia o la Revolución.

Debería decirse: lucha *libertadora*, puesto que había de proporcionar a México la libertad.

Libertario: que defiende la libertad absoluta y, por lo tanto, la supresión de todo gobierno y de toda ley.

No fue tal el caso de México.

LEGAL

Con demasiada frecuencia, y bajo la influencia del idioma inglés, se encuentra esta expresión cuando debería decirse *jurídico*.

Para que el lector sepa a qué atenerse, daremos la definición de ambas palabras:

Jurídico: que atañe al derecho o se ajusta a él.

Un debate *jurídico* entre dos expertos.

Un acto *jurídico*. Culpa *jurídica*, persona *jurídica*.

Legal: prescrito por ley y conforme a ella.

Doctrina *legal*, interés *legal*, trampa *legal*.

Gracias por su LLAMADO (¿O LLAMADA?)

Ambas palabras significan llamamiento, o sea "acción de llamar". Sin embargo, cuando se trate de una llamada telefónica, será mejor usar el femenino, y reservar el *llamado* para *llamamiento*:

Al *llamado* del deber... resultaría muy raro dicho así: A la *llamada* del deber.

51

Más que nada, se trata del uso general que hacemos de ambas palabras y de la imagen que se forma en la mente de quien las usa o las oye.

MIRAR ¿O VER?

"Crecer es *ver* al futuro." Esta expresión se encontraba en la publicidad de una importante empresa de nuestra capital. Parece que al crecer se vuelve uno clarividente, pero no es cierto

Mirar: fijar la vista en un objeto, aplicando juntamente la atención. (O sea, que *mirar* es una acción voluntaria.)

Ver: percibir por los ojos la forma y el color de los objetos mediante la acción de la luz.

Es decir, que *ver* significa percibir, sin necesidad de aplicar la atención y que, por lo tanto, representa una acción involuntaria.

Don Fulano de Tal ha sido NOMINADO *para el cargo*

La Academia dice:

Nominar: nombrar.

Luego, mejor sería decir que ha sido NOMBRADO, y no *nominado.*

La guapísima Chulis celebró su ONOMÁSTICO

Todo el mundo lo sabe, pero yo tuve que consultar el diccionario, años ha, para saber lo que celebraba.

Onomástico: perteneciente y relativo a los nombres, y especialmente a los propios. Día *onomástico:* el del santo de una persona.

Es decir, que: La Chulis celebró su *santo.*

OJALÁ *y* sea cierto

¿Por qué esa *y*? Es más correcto decir: "*Ojalá que* sea cierto" para indicar que lo deseamos. Es también respuesta:
—¿Crees que vendrán?
—Ojalá.
Pero es tan usual, en tantísimos países en que se habla español, decir *ojalá y*, que deberíamos incluirlo en el capítulo de los "Incorregibles", en compañía de:
Por poco y lo descalabran; con el sentido de:
En poco estuvo que lo descalabraran.

Efectuaron su PEREGRINAJE *anual*

Peregrinaje: Peregrinación.

Pues entonces, digamos *peregrinación*, ya que tiene un sonido más español, menos parecido al *pélerinage* francés.

POSTERGAR *una acción*

Este verbo se emplea un poco a tontas y a locas.
Postergar: hacer sufrir retraso. 2. Perjudicar.
La segunda acepción suele combinarse con la primera para expresar: perjudicar a una persona porque se la deja atrás, se impide que progrese, y parece perfectamente comprensible. En cambio, tratándose de la primera acepción, diremos más a gusto:
Posponer una acción.
Aplazar una acción.
Ya que ambos verbos expresan inconfundiblemente la idea de hacer sufrir retraso voluntariamente.

Precolombino: dícese de lo relativo a América antes de su descubrimiento por Cristóbal Colón. Tal como está escrita más arriba, la expresión es un error, un descuido, pero que se produce con demasiada frecuencia al hablar y al escribir. El arte *precolombino* es el arte de América antes de la llegada de Colón.

HICIERON *una propuesta*

Propuesta: proposición o idea que se manifiesta y ofrece a uno para un fin.

Proposición: acción de proponer.

Propuesto: participio pasado del verbo proponer.

Si decimos: "Vamos a hacer una propuesta", parece que vamos a hacer algo hecho ya, pues propuesta es un participio pasado en femenino.

Es mejor decir: "Vamos a hacer una proposición" y, si se quiere: "Ya hemos hecho una *propuesta* (puesto que está hecha) o una *proposición*, naturalmente.

RANGLÁN *no*, RAGLÁN *sí*

Las mangas raglán llevan el nombre del barón británico Raglan, fallecido en 1855, y mariscal de campo *británico*. El diccionario Webster dice:

Raglán: un sobretodo suelto con las mangas pegadas hasta la base del cuello, por costuras sesgadas que van desde la axila hasta el cuello.

Cediendo a la presión del uso común, la Real Academia ha admitido en su última edición *raglán* o *ranglán*.

Una pluma de mecanismo RETRACTABLE

Retractable: dícese de lo que se puede o debe retractar.
Retractar: revocar expresamente de lo que se ha dicho; desdecirse de ello.
Difícilmente se retractaría una pluma de lo dicho...
Retráctil: dícese de las partes del cuerpo animal que pueden *retraerse* (o retroceder) quedando ocultas, como las uñas de los felinos... Indudablemente, se trata de una pluma cuyo mecanismo le permite retraerse, retroceder, ocultarse... una pluma *retráctil.*

El problema que está REFERIDO

Referir: Dar a conocer, de palabra o por escrito, un hecho verdadero o ficticio.
Vamos a *referir* el problema para que todos tengan conocimiento de él. En este caso, *referir* es sinónimo de *relatar,* y se emplea en forma activa. Siempre que se pueda hay que evitar la voz pasiva, porque tal como aparece aquí, la frase es horrible; y, sin embargo, se usa mas de día en día.
Me he REFERIDO *al problema = he* ALUDIDO *al problema.*
Encontramos:
Referible: susceptible de ser referido a la cosa que se expresa (MM) y que se puede *referir* (MA).
Referir: dirigir, relacionar, atribuir, remitir, aludir.
Referido: suele usarse como indicado, señalado, citado.

ME REGRESÉ *al día siguiente.* TE REGRESARÉ *tu libro mañana*

El verbo regresar es intransitivo.
Regresar: Volver al lugar de donde se partió.
Por lo tanto, debería decirse: REGRESÉ *al día siguiente,* sin el pronombre reflexivo *me,* que no corresponde.

Devolver: volver una cosa al estado que tenía. 2. Restituirla a la persona que la poseía. 3. Corresponder a un favor o a un agravio.

Por consiguiente: si me prestas ese libro, *te lo devolveré mañana.* A pesar de lo que antecede, el Diccionario Enciclopédico González Porto señala:

Regresar: en México, como transitivo y en forma reflexiva.

No ME RECUERDO de nada

¡Pésimo! Recordar no es un verbo reflexivo, luego no debe llevar ese pronombre reflexivo *me* (en cambio: me acuerdo; véase *acordarse:* 6. Traer a la propia memoria, recordar. Úsase más como reflexivo). Además, *recordar* es transitivo: recordar algo. Tampoco le corresponde la preposición *de.*

No recuerdo nada.

No me acuerdo de nada.

¿Me recuerdas? = ¿Te acuerdas de mí?

Se están RECABANDO datos para el informe

Recabar: alcanzar, lograr, conseguir con instancias o súplicas lo que se desea. Recaudar.

O sea que recabar datos tiene cierta insinuación de comicidad.

Recopilar: juntar en compendio, recoger o unir diversas cosas.

Digamos pues:

Recoger, reunir, recopilar, juntar, acumular datos.

(Debe decirse: *recabar* con, de alguno.)

Ese señor viaja muy SEGUIDO

Seguido: participio pasado del verbo seguir. 2. Adjetivo: continuo, sucesivo, sin intermisión de lugar y tiempo.

Si decimos que "ese señor viaja muy seguido", automáticamente consideraremos *seguido* como una expresión de pasivo, ya que no es adverbial, y creeremos que lo siguen muchas personas: policía, mujeres, servidores, etcétera.

Debe decirse:
Ese señor viaja muy *frecuentemente*.
Ese señor viaja con mucha *frecuencia*.
Viaja muy *a menudo*.
Seguiré luchando, pero creo que es incorregible ya.

Me hizo una SUGESTIÓN. *No acepta ninguna de mis* SUGERENCIAS.

¿Qué debe decirse: sugestión o sugerencia?
Sugerencia: Insinuación, inspiración, idea que se sugiere.
Sugestión: Acción de sugerir.
Sugerir: Hacer entrar en el ánimo de alguno una idea o especie, insinuándosela, inspirándosela y haciéndole caer en ella: sugerir una buena idea o un mal pensamiento. La sugestión: especie sugerida. Tómase frecuentemente en mala parte: Las sugestiones del demonio.
Visto lo cual, puede comprobarse que ambos sustantivos son igualmente buenos; aunque, si la *sugestión se toma frecuentemente en mala parte,* emplearemos sugerencia siempre que se trate de cosas buenas.
Sugestionar: Inspirar a otra persona actos involuntarios.
Esto último abunda en favor de lo dicho.

Le hice una *sugerencia* perfectamente aceptable.
Ella se encuentra *sugestionada* y no atiende a razones.

La SALUTACIÓN *del presidente...*

Salutación: Saludo. 2. Parte del sermón en el cual se saluda a la Virgen.
Atengámonos, pues, a la primera acepción, y digamos, más sencillamente:
El *saludo* del presidente.

Una *política* SALUDABLE

Saludable: Que sirve para conservar o restablecer la salud corporal. 2. *fig.* Libre de error o vicio; recto.
Principios *sanos,* doctrina *sana,* crítica *sana.*
Una crítica *sana* es la que está libre de error o vicio.
Una crítica *saludable* tiende a mejorar algo, es constructiva.
Diremos lo mismo de la política, aunque ya es harto bueno que una política sea *sana.*

AL TRAVÉS *del tiempo*
A TRAVÉS *del tiempo*

El Diccionario de la Real Academia dice: Al través... a través. Y después explica: a través: por entre. Ejemplos: *a través* de la celosía, *a través* de una gasa.
La expresión dar *al través* es puramente náutica.
O dar *al través* con una cosa es igual que dar al traste con ella.

Bonitos SUECOS *de madera*

Yo creía que los habitantes de Suecia eran de carne y hueso, como nosotros. Porque eso son los suecos, ¿no?; y las suecas tienen gran popularidad. Ahora bien, hay unos zapatos de madera de una sola pieza, usados por campesinos de diversos países, que se llaman *zuecos*, y no importa como se pronuncien, hay que escribirlos con *z*.

[NOTA: véase. Es curioso que, después de explicar que MIRA es acción voluntaria, indiquemos VÉASE O LÉASE, en vez de *mírese* el artículo número tantos.

Esto último nos sirve para confirmar que el idioma es una materia prima en manos (o mejor dicho, bocas) de hombres, mujeres y niños, ignorantes o letrados, indiferentes o apasionados, moldeada por ellos, ilógica como ellos, y cuyo estudio no llegará nunca a constituir una ciencia exacta.]

CUÁL ES LA PALABRA CORRECTA

En ocasiones, dos palabras se parecen tanto que dudamos sobre cuál sea la que se preste a una definición dada. En otras, buscamos alguna palabra en el diccionario y éste nos contesta algo tan diferente de lo que pensábamos, que no sabemos a qué atenernos. Y hay momentos en que la palabra ni siquiera aparece. Algunos casos con los que hemos tropezado frecuentemente se citan a continuación.

¿Qué diferencia hay entre AFINES, ANEXAS y CONEXAS?

Afín: próximo, contiguo. Que tiene afinidad con otras cosas. *Son tareas afines*: tienen algo que ver una con la otra.

59

Anexo: unido o agregado a otra cosa, con dependencia de ella. *Hay que agregar un anexo a esa carta.*
Conexo: aplícase a la cosa que está enlazada con otra. Hay dos problemas *conexos:* la drogadicción y la vagancia.

ABREVIACIÓN O ABREVIATURA

Abreviación: acción de abreviar.
Abreviatura: representación abreviada de una palabra.

ANGINA O AMÍGDALA

Amígdala: cada una de las dos glándulas situadas a la entrada de la faringe.
Angina: inflamación de los amígdalas o de éstas y de la faringe.
Es frecuente oír en México: *Tengo amígdalas* cuando, en realidad, se padece de anginas. ¡Claro que todos tenemos amígdalas... si no nos las han extirpado aún! Y en cambio dicen: "Me duelen las anginas". Y en verdad, que cuando se tiene anginas, suelen doler las amígdalas.

ARRASTRAR O ARROSTRAR

Arrastrar: llevar una persona o cosa por el suelo, tirando de ella.
Arrostrar: hacer cara, resistir sin dar muestras de cobardía, a las calamidades o peligros.

ARREAR O ARRIAR

Arrear: estimular a las bestias con la voz, la espuela, etcétera... 2. Poner arreos. 3. Dar seguidos tiros, golpes, etcétera.
Arriar: bajar las velas o las banderas que están izadas.

AUDITOR u OYENTE

Auditor: revisor de cuentas, colegiado.
Oyente: que oye, escucha; asistente a una conferencia.

AUDITORIUM O AUDITORIO O AUDIENCIA

Auditorium: lugar.
Auditorio: conjunto de oyentes.
Audiencia: acto de oír o atención para oír. Acto de oír los soberanos u otras autoridades a las personas que acuden a ellos.

AUNAR O UNIR O AÑADIR O AGREGAR

Aunar: poner de acuerdo cosas distintas para que todas contribuyan a un mismo efecto. Debemos *aunar* nuestros criterios.
Unir: juntar dos o más cosas entre sí, haciendo de ellas un todo. Hay que *unir* estos dos cables para que pase la corriente. Todos deben *unirse* en favor de la paz.
Añadir: agregar o incorporar una cosa a otra. Hay que *añadir* tres huevos a la masa del pastel.
Agregar: Unir, juntar o añadir unas personas o cosas a otras. Éramos tres maestras, pero se nos *agregaron* dos profesores de otra escuela.
De estas definiciones podemos sacar en conclusión que cuando, tratando de hablar con elegancia, alguien dice: "A esto se aúna" queriendo expresar: "A esto viene a agregarse..." o "Hay que añadir a esto...", sólo está cometiendo una falta de precisión.

COLEGIR O INFERIR

Colegir: unir, juntar las cosas sueltas y esparcidas.
Inferir: deducir una cosa de otra.

61

En un lenguaje oficial se dirá: *De lo cual se colige que...* para indicar: *de lo cual se deduce que...*, en lenguaje común.

Inferir: sacar consecuencia o deducir una cosa de otra. *Del contenido del documento se infiere que las condiciones serían aceptables si...* 2. Llevar consigo, ocasionar, conducir a un resultado. 3. Tratándose de ofensas, heridas, agravios, etcétera, hacerlos o causarlos: *Le infirió tres heridas con arma punzocortante.*

Complementar o cumplimentar

Complementar: dar complemento a una cosa.

Cumplimentar: hacer visita de cumplimiento (muestra de urbanidad).

En derecho: Poner en ejecución los despachos u órdenes superiores.

Concreción o concretación o concrescencia

Concreción: acumulación de varias partículas que se unen para formar masas, generalmente arriñonada.

Concretación: acción y efecto de concretar.

Concrescencia: expresión de Botánica.

Decepcionante o deceptorio

Decepcionante: adjetivo que indica algo muy parecido a la frustración. MM lo define como:"que decepciona".

Deceptorio: engañoso.

Deterioro o deterioración

Deterioración: acción y efecto de deteriorar o deteriorarse.

Deterioro: deterioración.

Así pues, cada quien empleará la palabra que más le agrade.

DIFERENCIA O DIFERENDO

¿En qué se distinguen estas dos palabras?
Diferencia: cualidad o accidente por el cual una cosa se distingue de otra.
Diferendo: diferencia, desacuerdo, discrepancia entre personas, grupos sociales o instituciones.

DISÍMIL O DISÍMBOLO

Disímil: distinto.
Disímbolo: En México: distinto o disconforme.

¿Qué significa la palabra DORMANCIA?

Dormancia: se usa en bacteriología. Pero al buscarla he encontrado:
Dormición: acción de dormir.

FALSEAR O FALSIFICAR

Falsear: adulterar, corromper o contrahacer una cosa material o inmaterial como la moneda, la escritura, la doctrina, el pensamiento.
Falsificar: falsear, adulterar o contrahacer.
Generalmente se emplean como sigue:
Este billete de banco está *falsificado*. Es una *falsificación*.
Es *falso*: yo no dije eso, han *falseado* mis argumentos.

FINANCIAMIENTO O FINANCIACIÓN

Financiamiento: acción y efecto de financiar.
Financiación: acción y efecto de financiar.
Ambas, pues, son correctas y equivalentes: pueden usarse indiferentemente.

FRUSTRATORIO O FRUSTÁNEO O FRUSTRANTE

¡Ay, ay, ay! En los tres casos se emplea el adjetivo para indicar que alguna cosa, persona o acción ha provocado frustración. Pues bien, las palabras *frustratorio* y *frustráneo* son correctas y aparecen en el diccionario; *frustrante* no aparece pero, puesto que tenemos otras dos, ¿qué necesidad había de inventar ésta?
Frustráneo: que no produce el efecto apetecido.
Frustratorio: que hace frustrar o frustrarse una cosa.
Sí, ya sé: cuando uno se acostumbra a una palabra, aunque sea incorrecta (y sobre todo si lo es), cuesta más aprender las correctas...

INTENCIÓN O INTENSIÓN

Intención: determinación de la voluntad en orden a un fin. Tengo la *intención* de presentar un examen la semana que viene.
Intensión: grado de energía de un agente natural o mecánico o de una cualidad (técnica).

MEMBRADÍA O MEMBRÍA O MEMBRESÍA O MEMBRECÍA

En la duda, consulté al profesor Arrigo Coen; yo abogaba por membradía (como cofradía) y él, por membría (como hombría). Parecía haberse adoptado membresía, pero ahora SE dice membrecía.
Evidentemente, es la calidad del miembro de algún grupo o club.

Mencionar: hacer mención de una persona: Lo *mencionamos* en la conversación. Referir, recordar y contar una cosa, para que se tenga noticia de ella: Permítame *mencionar* que este asunto ya se había tratado anteriormente.

Mentar: nombrar o mencionar una cosa. Solemos dar a esta palabra una connotación ofensiva.

OBSERVACIÓN U OBSERVANCIA

Observación: acción y efecto de observar (mirar, examinar).

Observancia: cumplimiento exacto y puntual de lo que se manda ejecutar como ley, religión, estatuto o regla.

PREOCUPANTE O INQUIETANTE

Considerando que preocupante no existe como adjetivo, si algo nos preocupa tendremos que decir que la situación es *alarmante, amenazadora, inquietante, turbadora, grave, espantosa* o... *difícil.*

REPARTICIÓN O REPARTIMIENTO

Repartición: acción de repartir.
Repartimiento: acción y efecto de repartir.
Estas dos palabras son equivalentes y pueden emplearse a voluntad.

REPRODUCTIBLE O REPRODUCIBLE

Productible: dícese de lo que puede dar algún fruto.
Producible (Filología): que se puede producir.

Reproductible: que se puede reproducir (MA).
No encontramos *reproducible*.

Diremos, pues: Esta foto es muy buena, se puede reproducir, es *reproductible*.

SORPRENDENTE O SORPRESIVO

Sorprendente: que sorprende o admira. Raro, desusado y extraordinario.
Sorpresivo: que sorprende, que se produce por sorpresa, inesperado.

SALVAGUARDA O SALVAGUARDIA

Claramente, *salvaguarda*.

SEÑA... SEÑAL... SIGNO

Seña: nota o indicio para dar a conocer o entender una cosa. Le hice *seña* de que tomara asiento.
Señal: marca o nota que se pone o hay en las cosas para darlas a conocer y distinguirlas de otra. He puesto una *señal* en mi libro. Hay que respetar las *señales* de tránsito.
Signo: cosa que por su naturaleza o convencionalmente evoca en el entendimiento la idea de otra.
Con demasiada frecuencia se confunden estas palabras en el uso cotidiano, haciéndose un uso que es abuso de la palabra *signo*: en *signo* de acuerdo está mal dicho: En *señal* de acuerdo. Hizo signo por hizo *señas*.

SUDACIÓN O SUDORACIÓN

Sudación: exudación, exhalación de sudor, especialmente la abundante producida con fines terapéuticos.
La otra palabra no existe.

66

Proseguiremos este desfile de palabras incorrectas ocupándonos, esta vez, de expresiones incorrectas también por el sentido que se les da o por la sintaxis empleada. Ahora, el orden alfabético corresponde a la palabra que, dentro de la expresión, tiene la mayor importancia, o a un entendimiento gramatical convencional.

Piden AYUDARLES

Cuando pedimos ayuda, pedimos que alguien nos ayude.
Cuando pedimos ayudarnos, pedimos que nos permitan ayudarnos a nosotros mismos.
Pero en el caso de que "los damnificados piden ayudarlos", parecería que ellos mismos están pidiendo permiso para ayudar a otros. Lo correcto sería decir:
Los damnificados piden que se les *ayude*.
Los damnificados solicitan *ayuda*.
Si yo pido ayudar, es que pido permiso para ayudar a alguien, o sea, otra persona.

La MANERA *como se ha efectuado la investigación*

La manera que, de manera que: todo lo que a "manera" se refiere, va acompañado de *que*. Si preguntamos, diremos: ¿De qué manera te las has arreglado? ¿De qué manera has salido del apuro? Al contestar esa pregunta, el instinto nos impide decir: la manera *como*... y tendemos a responder debidamente, o sea, con el término adecuado:
Me las he arreglado de *manera* muy sencilla.

El Rector, de quien sus médicos dicen... por CUYOS

¡No, hombre, no! Tenemos un excelente pronombre relativo-posesivo: *cuyo*, especialmente apropiado para estas circunstancias.
El Rector, *cuyos* médicos dicen.

Llevar AL CABO

Al cabo del año, al cabo de la calle...
Al cabo: por fin, por último: *Al cabo* de los años mil, al cabo de la jornada, *al cabo* del mundo.
Estar *al cabo* de la calle.
Llevar uno a cabo o al cabo una cosa: ejecutarla, concluirla (DA).
Es posible, pues, decir: llevar *a cabo* o llevar *al cabo*, como se quiera, sin que una de ambas formas sea mejor que la otra.

Colón, que en 1492 DESCUBRIERA *América...*

Pediremos prestada a Salas su excelente explicación relacionada con este modo de expresarse:
"La forma en *-ra* se emplea mucho como equivalente del pluscuamperfecto de indicativo o del pretérito indefinido: Era Luis, aquel que le adiestrara en el manejo del rifle, que es como decir: aquel que le había adiestrado...
"La Gramática de la Academia advierte que no debe abusarse de esta forma y cita como reprobable el ejemplo siguiente, en que se emplea tres veces el pretérito imperfecto del subjuntivo:
"Filósofos y poetas habían intentado definirla (la Belleza) y ninguno *lograra* hacerlo a gusto de los demás, porque en la misma definición que *hiciera, entrara*, siempre la parte subjetiva, o sea el modo de ser de cada uno."

Por lo tanto:

Colón, que *descubrió* América en 1492...

Se han acostumbrado a que los vinos ERAN *más baratos*

En este caso podemos decir: se han acostumbrado, se habían acostumbrado, se había vuelto costumbre o se acostumbraron.

Sea cual fuere el primer segmento de la frase, el segundo será indudablemente una cláusula en subjuntivo:

Se han acostumbrado a que los vinos *sean* más baratos.

Se habían acostumbrado a   que los vinos
Se había vuelto costumbre { fueran más
Se acostumbraron a   baratos.

El principio de la frase puede ser uno de los tres anteriores, pero el encabezado seguirá siendo incorrecto, y el anuncio que lo pregona, también.

No podemos afirmar que México HA TENIDO...

Este *ha tenido*, que pertenece al modo indicativo, sólo puede usarse cuando existe realidad, seguridad, certidumbre:

Podemos afirmar que México *ha tenido* grandes hombres.

Sabemos a ciencia cierta que México *ha tenido* un arte precolombino de riqueza incalculable.

Creemos que México no *ha cumplido* aún su destino histórico.

69

La duda, la voluntad, el temor, el sentimiento (e incluso, en este caso, la negación del poder) se expresan mediante el subjuntivo.

No podemos afirmar que
No creemos que
Tememos que
Lamentamos que

{ México
haya tenido
esto o aquello

Pero *queremos que México tenga*, expresando voluntad presente para el porvenir (futuro) de México.

Favor de PASAR... *rogamos* PASAR...

Esto se dice a toda hora y en todo lugar. Pero la frase resulta incorrecta por incompleta.
Veámosla completa:
Hagan el *favor* de pasar.
Pasen, pasen, por favor.
Les rogamos que pasen.

GERUNDIOS

Él fijó la mirada en un mar tranquilo, apenas MECIÉNDOSE *para besar las rocas y luego apartándose de ellas repetidamente...*
No he tomado nota de dónde leí esto, sin duda ha sido un intento de discreción de mi parte. Pero considero una buena oportunidad para explicar que no debemos confundir las acciones de uno con las de otro, al usar el gerundio *meciéndose.*
Tal como está el encabezado, quien se mecía era *él*, el mismo que fijó la mirada, *meciéndose...* Pero si lo que se mece es el mar tranquilo, debemos decir: *Él fijó la mira-*

70

da en un mar tranquilo que apenas se mecía para besar...

La barca estaba quieta, *meciéndose* apenas sobre las olas.

Digamos:

Quise intervenir y me puse en pie, *levantando* la mano.

En este caso el mismo sujeto (yo) lleva a cabo las tres acciones. En cambio, si tenemos dos acciones simultáneas Y dos sujetos distintos, deberemos evitar el gerundio:

1. Le *oí cantando.* ¿Quién cantaba: él o yo? Si fue él, digamos: *Le oí cantar.* Si fui yo: *Estaba yo cantando cuando le oí.*
2. Lo vi *saliendo* de casa. ¿Quién salía: él o yo? Si era yo: *Saliendo de casa lo vi.* Si era él: *Lo vi salir de su casa.*

HABEMOS *muchos*

Haber. 9. Hallarse o existir, real o figuradamente. *Hay* hombres sin caridad, *hay* razones en apoyo de tu dictamen.

Estos ejemplos del DRA demuestran que, por muchos que sean, siempre se empleará la forma impersonal *hay,* la cual no tiene plural: si lo tuviera, diríamos *han* razones en vez de *hay* razones, y *han* hombres por *hay* hombres. Al no poderse decir *han,* tampoco se dirá *habemos;* el encabezado deberá, pues, expresarse así:

Hay muchos.

Y podemos agregar: Y entre ellos, *yo* o nosotros.

Como también puede adoptarse esta otra forma:

Somos MUCHOS *los que pensamos así.*

Son MUCHOS *los que opinan que no.*

Eran MUCHOS *los que aplaudían.*

A pesar de lo cual, encontramos en Salas:

"*Soldados habían muchos...*"

Se HACE

Esta forma, con el pronombre reflexivo, corresponde a una voz pasiva y la gramática de la Academia da un ejemplo con el agente introducido por la preposición POR; citando de la prensa: *¿Qué se hará por las naciones para evitar estos actos terroristas? ¿Qué se hará por el Rector para poner remedio...?* Evidentemente, sería muchísimo más sencillo utilizar la voz activa y renunciar a la pasiva cuando disponemos de un agente conocido:

¿Qué *harán* las naciones para evitar esos actos?

¿Qué *hará* el Rector para poner remedio?

Y en cambio, diremos:

No sabemos lo que se *hará* al respecto.

Quién sabe lo que se *haga*, llegado el caso.

Algo similar a esta complicación inútil del mal hablar, me parece ser: POR PARTE DE.

Es una expresión que se cuela por todas "partes". Por ejemplo: "Se reconoce, *por parte de* las autoridades educativas, la deficiencia..." ¿No es mejor una forma activa? "Las autoridades educativas reconocen la deficiencia..."

"Se leen y se escuchan noticias *por parte de* las autoridades educativas", en vez de, simplemente: "Se leen y escuchan noticias procedentes de las autoridades educativas", si eso quería decir la enigmática frase, o "Las autoridades educativas leen y escuchan noticias". Me declaro incompetente para traducir lo que se intentaba decir en el artículo. ¿Y los demás lectores?

Llegaré HASTA *mañana*

Evidentemente, decimos: "Adiós, hasta mañana". Pero eso de "llegaré hasta mañana" parece dar a entender que estamos llegando desde ahora y que seguiremos llegando hasta mañana, como cuando decimos desde el 31 de agosto hasta el 6 de enero.

72

Pero es una forma de hablar tan arraigada que casi entra en los modismos, a pesar de lo cual sigo insistiendo. Debe decirse:

No llegaré *hasta* mañana.

No habrá clases *hasta* enero.

HUBIERAS DEBIDO *venir* O DEBERÍAS HABER *venido*

La primera forma se emplea mucho en perjuicio del modo potencial que parece condenado a la atrofia total por falta de uso. Es mejor la segunda expresión, ya que responde más exactamente a la idea que se desea expresar. Lo mismo podemos decir de la siguiente:

Yo nunca *lo hubiera* sabido explicar.

Yo no *habría sabido* explicarlo nunca.

HUBIERA PODIDO *venir*... PUDIERA HABER *venido*... PODRÍA HABER *venido*...

Si no hubiera podido venir, naturalmente, no habría venido.

Pero sí podría haber venido más temprano.

En estos casos, *habría* y *hubiera* son equivalentes, siendo el primero auxiliar en modo potencial, y el segundo imperfecto del subjuntivo. Este *hubiera*, sin embargo, que también tiene uso potencial, hace que el subjuntivo sea entonces representado por *hubiese*:

"Si no me hubiesen detenido tanto tiempo, hubiera podido llegar más temprano".

Y no quiero dejar pasar la oportunidad de clamar, una vez más, contra una expresión odiosa:

"No estuviéramos aquí si pudiéramos marcharnos".

¿No es terrible? Indudablemente, corresponde usar en este caso *estaríamos*, de este modo:

No *estaríamos* aquí si *pudiéramos* marcharnos.

Puede disponer de su dinero INMEDIATAMENTE *que lo desee*

Inmediatamente es un adverbio, parte de la oración que sirve para modificar la significación del verbo; ciertos adverbios modifican la significación del adjetivo: *a)* Juan escribe *bien. b)* Ese dibujo es *muy* feo.

Decimos con toda naturalidad: Puedes venir siempre que lo desees, pensando: todas las veces que lo desees, y aquí parece indicar "a condición de que lo desees"; inmediatamente *que* resulta chocante: "En el instante que lo desees", "tan pronto como lo desees", "en cuanto lo desees", son tres expresiones mucho más aceptables.

Por lo general, si decimos *inmediatamente*, ponemos el adverbio al final, después del verbo:

Ven *inmediatamente*.

Se presentó *inmediatamente*.

Quiere hablarte *inmediatamente*.

I (de ironía)

Está por CUMPLIR *dos años de muerto...*

Se CELEBRÓ *el centenario de su muerte...*

Sabido es que el mexicano se ríe de la muerte, ya sea por disimular su temor (ese temor que sienten todos, mexicanos o no), ya como un reto mientras aún está con vida. Pero estas dos expresiones parecen demasiado macabras para usarlas sin ton ni son; habrá que decir:

Se conmemora el segundo aniversario de su muerte.

Pero, por favor no se *celebre...*

En un *Sábado con Saldaña* se citó la expresión: *Luces enferma.*

En efecto, lucir es algo brillante, resplandeciente, *luminoso, radiante... Lucir enferma* sólo puede ser ese tipo de crueldad en que se especializa la "mejor amiga".

LAS, LO

Llévese todas
Me llevo todos
Se traga todo
Aquí tenemos un pequeño problema. Si bien la Academia recomienda que se evite el uso abusivo de los pronombres, como es el de repetir innecesariamente un complemento, hemos oído las frases del encabezado en diversos anuncios y tememos que influyan perniciosamente en quien los escuche.

Si digo *llévese todas*, la frase parece incompleta, como si *todas* fuese un adjetivo que se antepone a un sustantivo ausente: *llévese todas las estufas* o *lléveselas todas. Me llevo todos los juegos* o *me los llevo todos. Se traga todo lo que le echan* o *se lo traga todo.*

A LA *mejor no contestan a mi carta*

Esta locución es muy corriente en México. El DRA dice:

Mejor. 5. A lo mejor: locución adverbial familiar con que se anuncia un hecho o dicho inesperado, y por lo común infausto o desagradable.

¿Por qué, pues, el artículo femenino? Usualmente decimos:
Lo triste del caso.
Lo bueno del asunto.
Lo mejor de todo.

LE, LO

Vengo a verlos (*no* a verles)
A saludarlos (*no* a saludarles) *y a*
ayudarlos (*no* a ayudarles) *a triunfar.*

Comentando con un estudiante estadounidense la disputa entre *leístas* y *loístas*, me percaté de que se trataba de un serio problema que la Real Academia había resuelto del modo más ambiguo: lo permite todo, o sea, que acepta el uso de una y otra expresión. Salas reconoce el hecho: "Vengo a ver a Pedro" se dirá: "vengo a verlo" o "vengo a verle". "Me acerqué a Pedro para verle mejor" o "para verlo mejor".

También refiere Salas que la Academia no acepta que ese LE se use en plural, de modo que ver*les*, saludar*les* y ayudar*les* encierra una grave falta, por lo que deberá decirse: ver*los*, saludar*los* y ayudar*los*, pues los verbos ver, saludar y ayudar son transitivos y les corresponde el pronombre *los*, aun cuando se haya permitido ver*le*, saludar*le* y ayudar*le* en singular, y en singular únicamente o en plural, indirecto: Ver*les* la cara.

Femenino: verla, verlas; saludarla, saludarlas, ayudarla, ayudarlas. Y también: Ver*les* la cara.

Los

Yo se LOS *dije*
Se LOS *agradezco*

Otro caso típico de incorrección que debería enmendarse, porque no es modismo ni se justifica ni existe ambigüedad alguna ni sirve para agregar nada a lo expresado. Veamos:

Lo: pronombre neutro, es invariable, o sea, que no puede cambiar de género ni de número: ni femenino ni masculino, ni singular ni plural: neutro.

Si hablo contigo diré: "Ya te *lo* dije, te *lo* agradezco". Y TE es el pronombre que representa a mi interlocutor, es decir, TÚ, mi lector.

Pero si hablo contigo y con otros más, diré: "Ya se *lo* dije, se *lo* agradezco"; aunque contigo estén un millón de interlocutores más: Lo no cambia.

Ahora bien: a ti te digo: TE, y a ustedes les digo *les* en muchos casos: *les* agradezco *lo* que hicieron por mí que es lo mismo que *se lo* agradezco, y *lo*, aquí, representa "lo que hicieron por mí".

Nota: No será posible decir: "*le lo* dije" ni "*les lo* dije", cuando tenemos el pronombre complemento directo (en este caso *lo*) con el dativo (indirecto), es decir, *le* y *les*, estos últimos se remplazan por SE: *se lo* dije (ya sea a usted solo o a todos ustedes), siendo *se* el interlocutor y *lo* la cosa dicha, singular, neutro, invariable; podemos aclarar la cosa más aún, diciendo: *se lo* dije *a usted, se lo* dije *a ustedes,* pero no usar nunca ese *los* del encabezado que es una verdadera barbaridad. Y llega al punto de decirse, como escuché el otro día de una joven encantadora y aparentemente bien educada: "Mi papá quiere vender la casa, y como me voy a casar le hemos pedido que nos *las* venda". Ese *las* ¡representa una sola casa!

Pues bien, junto a este incorrectísimo "se los dije" nos topamos con otra expresión igualmente incorrecta y contradictoria:

"A los niños vamos a recomendar*le* que tengan cuidado"; si se dice "que tengan" será porque se trata de varios niños; entonces: "vamos a recomendar*les*". Lo mismo cuando dicen: "Evíte*le* a los suyos". Caramba: "Evíte*les*".

De manera que parece que no sabe uno qué hacer con la *s*, si quitarla o ponerla. ¡Cuidado!

Para MAYORES *informes...*

Es que los informes que dieron eran chiquitos... ahora se los darán grandotes. Es un vicio del hablar. Decimos: Pida *mayores* informes, pida *mayores* detalles; y, en vez de decir: Pida *más* informes, pida *más* detalles; y sin embargo, decimos: "por más señas".

Muy *delicioso*, MUY *exquisito*, MUY *maravilloso*

Cuanto más exageramos, peor resulta la cosa.
Delicioso: capaz de causar delicia; muy agradable o ameno.
Exquisito: de singular y extraordinaria invención, primor o gusto en su especie.
Extraordinario: fuera del orden o regla natural o común.
Maravilloso: extraordinario, excelente, admirable.
Excelente: que sobresale en bondad, mérito o estimación, entre las cosas que son buenas en su misma especie.
Admirable: digno de admiración.
Todas esas palabras, como lo revelan las definiciones que anteceden, significan algo superlativo de por sí, a lo que el adverbio superlativo *muy* no agrega nada, sino que más bien resta calidad al significado del adjetivo.

Todo mundo *estaba allí*

Todo mundo lo *sabe*
No se puede engañar a todo mundo.
Sin embargo, debe decirse: *todo el mundo*.
Todo el mundo lo sabe. A la vista de *todo el mundo*.
En cambio se dice, correctamente: *medio mundo*... Esto es sólo para que conste, porque indudablemente si el lector tiene costumbre de decir *todo mundo*, no abandonará un hábito tan común y generalizado que pudiera calificarse de modismo, sólo porque casualmente se entere de que es incorrecto.

Si buscan trabajo nosotros los ocupamos

En este caso, el sentido de ocupar es la quinta acepción: dar quehacer o en qué trabajar, especialmente en un oficio o ante (DRA). Desde luego, el anuncio sería más aceptable desde el punto de vista idiomático y no perdería su impacto redactado de este modo:

Si buscan trabajo, nosotros se lo *damos*.

Para seguir "ocupándonos" del verbo *ocupar*. Veamos:

Ocupar. 2. ocupar un empleo, verbo transitivo... 9. Poner la consideración en un asunto o negocio: "ocuparse de cosas interesantes".

Poco, POCA DE

Préstame *una poca* de harina.

¿No sería mejor decir *un poco* de harina? Porque entonces llegamos a unas *pocas* de semillas y unos *pocos* de perdigones.

En todos los casos se debe decir, *un poco de*... lo que sea.

Un *poco* de dinero.

Un *poco* de harina.

Pero en plural:

Unas *pocas* flores.

Unos *pocos* perdigones.

POR TANTO O POR LO TANTO

El DRA indica, en el modo adverbial de la palabra *tanto*:

Por lo tanto: por consiguiente, por lo que antes se ha dicho, por el motivo o las razones de que acaba de hablarse.

Por tanto: por lo que, en atención a lo cual.

Es decir, que ambas expresiones tienen un sentido muy similar y que no vale la pena discutir al respecto, sino aceptarlas y usarlas como se acostumbre, con toda tranquilidad de conciencia.

Para que se TOME *en cuenta sus intereses*

Sus intereses: sujeto pasivo.
Sus intereses *deben ser tomados* en cuenta:
Para que *se tomen* en cuenta sus intereses.

Se DEBE *hacer tantas cosas*

Tantas cosas: sujeto gramatical de deben hacerse (plural):
Se *deben* hacer tantas cosas. *Deben* hacerse tantas cosas. Sabaté recoge este mismo problema en estos términos: "Si se dice: Se *oyen* sonar las campanas, se *ven* arder las casas, parece que debiera decirse: Se *desean* obtener las sustancias, se *necesitan* obtener presiones altas, etcétera. Pero el caso no es el mismo, porque en los dos primeros casos, las campanas y las casas son sujetos, respectivamente, de sonar y arder (se oyen las campanas sonar; se ven las casas arder), mientras que en los ejemplos siguientes, sustancias y presiones altas no son sujetos, sino complementos del infinitivo que precede...

"Lo correcto es: Se *desea* obtener las sustancias. Se *necesita* emplear presiones altas...

"Ahora bien, hay algunos verbos como *poder, querer, deber, dejar, mandar* y *soler* que forman locución con el infinitivo que los sigue: le agregan la idea de posibilidad, voluntad, deber, permiso, mandato y costumbre, y concuerdan en plural si el acusativo (complemento) está en plural y designa objetos o personas consideradas como objeto; por ejemplo: Se pueden alquilar disfraces. Se suelen cantar coplas de moda, No se deben admitir más espectadores, no pudieron adquirirse los informes.

¿Qué TAN *lejos vives?*

¿Qué tan bueno es este vino?
¿Quieres dinero?, ¿QUÉ TANTO?

Estas expresiones son neologismos y lamento **no** haber podido seguirles la pista. Partiendo del inglés, encuentro: *How are you?* y lo traduzco por: *¿Qué tal estás?* Pero de *tal* a *tan* hay gran trecho, y no hallo justificación alguna en el anglicismo: *How far is it?*, traducido con frecuencia: *¿Qué tan* lejos está? y, mejor dicho: ¿A qué distancia está?, e incluso ¿Está muy lejos?, y tampoco **en** *How much?* = *¿Cuánto?* Tampoco en los diccionarios bilingües hay nada tan descabellado. Pero aun cuando no puedo explicarlo ni justificarlo ni apoyarme en nadie para condenarlo, me queda el recurso de suplicar al lector que no haga uso de esas expresiones... ¡Son horrendas!

Los maridos siempre protestan cuando UNO *les pide dinero*

¡Hombre, es natural! A ningún marido puede agradarle que *uno* le pida nada. Lo malo es que se enfade cuando se lo pide... *una*, por ejemplo, su esposa.

Es mucha costumbre entre las mujeres decir *uno* por *una*. Eso no es justo. Una mujer debe saber decir: Cuando *una* no sabe qué hacer...

Tendrá VERIFICATIVO

Tendrá VERIFICACIÓN
Suele decirse en vez de: Se *verificará* o se *celebrará*.
Verificación: Acción de verificar o verificarse.
Verificativo: Dícese de lo que sirve para verificar una cosa.
Verificar: Probar que una cosa que se dudaba es verdadera. 2. Comprobar o examinar la verdad de una cosa. 3. Realizar, efectuar. 4. Salir cierto y verdadero lo que se dijo y pronosticó.
En nuestro caso, cuando "se verifica" un acto, se hace de acuerdo con la tercera acepción: se realiza, se efectúa.

Pero "tendrá verificativo" o "tendrá verificación" no responden a la intención de quien emplea esas expresiones. Por lo que habremos de decir:
Mañana se *verificará* la junta de los accionistas.
Mañana se *celebrará* el acto inaugural.

¡Qué bueno que VINISTES*! ¡Qué bueno que* VENISTE*!*

¡Qué mal dichas ambas cosas!
Se debe decir: ¡Qué bueno que *viniste*! Habitualmente, la segunda persona del singular (tú) en todos los tiempos del verbo termina en *s* menos en este pretérito: tú *viniste*, tú *llegaste*, tú *supiste*, tú *escribiste*, tú *hablaste*.
¡Mucho cuidado! Cambiar el radical o cambiar la terminación dicen muy poco en favor de quien esté hablando.

¿QUÉ PASA CON LOS ADJETIVOS?

Para empezar, que los estamos usando a troche y moche como si no tuviéramos adverbios disponibles.
Se hace fácil... en vez de se hace *con facilidad*, se hace *fácilmente*. Lo lavo diario... por lavo *diariamente* o *a diario*. Llegó *rápido*: llegó *rápidamente*. Canta *bonito* por canta *bien*. Vienen *seguido* por vienen *a menudo* o *frecuentemente*. Y así seguido... o ¿seguidamente? No: se dice *así seguido*.

COMPORTAMENTAL

Supongo que eso se refiere al estudio del comportamiento, y que se ha fabricado con ínfulas de adjetivo.
Respecto al estudio del comportamiento y lo que a éste se refiere, como comportamiento significa conducta, encontraremos la palabra *conductual*. Es mejor que la del

encabezado que, por su pronunciación y aspecto, puede incitar al trabalenguas partiendo de comportamiento.

EVALUADOR

Es el que evalúa, pero como no está en el diccionario, buscamos y encontramos *valuador*, que es la palabra correcta: que valúa o valora. *Evaluar*: fijar valor a una cosa. Valorar. *Evaluable* no aparece; deberíamos decir tal vez *valorable*, que tampoco existe pero que está más acorde con *valuador*.

EXITOSO

Esta palabra no aparece en el DRA, pero sí en la MA. Además la necesitamos mucho, porque no siempre resulta bueno el uso del modificador compuesto: de *éxito*.

Una película de *éxito*... una canción *exitosa*.

Y aquí conviene separar el concepto del éxito del de acierto: una solución *acertada* puede no tener el menor éxito.

FACTIBLE

Significa que se puede hacer. ¿Existe un sustantivo? ¿Podemos decir *factibilidad*? En algunos casos nos saldremos por la tangente diciendo: lo *factible*, y así esquivaremos la dificultad, pero *factibilidad* está bien dicho.

FACTICIO

Es no natural, algo que se hace por arte.

FÁCTICO

Perteneciente o relativo a los hechos. 2. Basado en hechos o limitado a ellos, en oposición a teórico o imaginario.

FICTICIO

Que sólo existe por convención. Fingido.

FINISECULAR

Adjetivo para indicar que algo corresponde al fin de cierto siglo (MM). En cambio, PLURISECULAR es el calificativo de lo muy antiguo, de lo que tiene muchos siglos (MA).

FUNCIONAL

Tiene a su disposición un adjetivo: *funcional*, que sirve para calificar lo que funciona. Lo usamos continuamente; la Real Academia ha tenido que aceptarlo y lo encontramos en su diccionario en la expresión: "arquitectura *funcional*".

GRUPAL

He encontrado esta palabra tratándose de grupo, a modo de adjetivo. No es correcta... a mí me recuerda la grupa del caballo...
Conviene utilizar la palabra *colectivo* como sinónimo, en muchos casos, de "de grupo".

HERRAMIENTA O INSTRUMENTO

Aquí tenemos otro ejemplo de la traducción literal del inglés: cuando se lee *tool* se traduce por herramienta.

Pero la palabra herramienta indica algo tan material como un martillo o una tenaza. En inglés, en cambio, lo utilizan cuando diríamos *instrumento*: "Ha sido el *instrumento* de su propia desgracia."

Existen los términos colectivos correspondientes: *herramental* o *instrumental*.

Herramental: bolsa donde se guardan las herramientas.

Instrumental: conjunto de instrumentos del músico o del médico.

IMPACTANTE

Es una palabra de nuevo cuño que quiere significar: que causa impacto.

Está muy de moda y no podemos ignorarla. Pero no existe en los diccionarios.

Existe *impactado* (Med.): Detenido o fijado fuertemente. Dícese de proyectiles, fragmentos óseos, cálculos, excrementos, etcétera. Podemos considerar que la existencia de un participio pasado como adjetivo justifica el empleo de un participio presente (impactante) del verbo impactar, también como adjetivo.

INCREMENTAL

Es una palabra inglesa que no encuentro traducida. En el diccionario inglés aparece entre las palabras correspondientes a *increment* (incremento) pero sin definción.

Supongo que el adjetivo sirve para calificar algo que tiende a crecer, aumentar: ¿creciente?, ¿en crecimiento?, ¿en aumento?

La duda no me permite usar *incremental*, dado el peligro de que quien lea la palabra no la comprenda; es posible que de aquí a unos años haya entrado en nuestro idioma.

La MÓDICA *flota*

Indudablemente, la intención era decir: la reducida armada.

Módico es un adjetivo que significa moderado, escaso, limitado. Sin embargo, casi siempre lo empleamos en relación con el dinero:

"Una *módica* suma", "un sueldo *módico*", "una *módica* paga".

MONOPOLISTAS... MONOPOLÍSTICO... MONOPOLIZADOR... y MONOPÓLICO

Las tres primeras palabras aparecen en los diccionarios; la cuarta: *monopólico*, que no aparece, se empieza a emplear; yo misma la he oído en la televisión, por boca de Carlos Monsiváis.

OPERANTE... OPERATIVO... OPERACIONAL

Operante: que opera.
Operativo: dícese de lo que obra y hace su efecto.
Operacional: relativo a las operaciones y sobre todo a las militares.

Por influencia del inglés se emplea corrientemente este último con el sentido que tiene el anterior (operativo).

OPTATIVO... OPCIONAL

Optativo: que pende de acción o la admite.
Opcional: perteneciente o relativo a la opción.

ORGANIZACIONAL... ORGANIZATIVO

Por no tener adjetivo correspondiente al sustantivo organización (lo que en inglés se dice: *organizational*),

86

hemos adoptado esos dos adjetivos para andar por casa. *Organizativo* parece más eufónico, más nuestro; *organizacional*, más cacofónico. Pero indiscutiblemente: necesitamos por lo menos uno.

OTRO... OTROS... OTRA... OTRAS...

Encuentro cierta tendencia exagerada a emplear *otro* (como adjetivo o pronombre) y no sé si calificarla de galicismo (*autre*) o de anglicismo (*other*). Muchos otros lugares... Prefiero: *Muchos lugares más.* A ver qué dicen los otros... *A ver qué dicen los demás.* El caso es que disponemos de un modo de expresión más peculiar del español.

PEATONAL

He encontrado este adjetivo en *tráfico peatonal*, o sea, el tráfico de peatones; y en otra parte *tráfico vehicular*, o sea, el tráfico de vehículos. *Peatonal* no aparece en los diccionarios; *vehicular*, tampoco. Pero necesitamos esos adjetivos y, ya que están fabricados, podemos emplearlos aunque nos remuerda la conciencia.

POBLACIONAL

Otro nuevo invento que tampoco aparece en los diccionarios; pero tendrá que aparecer de un momento a otro, porque resulta necesario; yo lo definiría como sigue:
Poblacional: de población o de la población (de personas).

PREOCUPANTE

No existe: es un neologismo de fabricación casera. Si con ello quiere calificarse algo que preocupa, tenemos: inquietante, perturbador, alarmante, obsesionante.

Otro neologismo inútil. Existe la palabra *presupuestario* que es la correcta.

PRIMERO

Primero que la diversión es el trabajo.
Aquí la palabra *primero* está empleada como adverbio: *antes* que la...
Primero: En su duodécima acepción, el DRA lo reconoce como adverbio por "primeramente".

RECREATIVO

Es el calificativo correspondiente a recreo, recreación. La palabra *recreacional* representa un anglicismo más.

RECURRENTE, REPETITIVO, REITERATIVO

Otro anglicismo: emplear *recurrente* por *repetitivo* y *reiterativo*. La palabra *recurrente* es perfectamente correcta... en medicina.

RETRÓGRADO O TARADO

Retrógrado: que retrograda (retrogradar: ir hacia atrás, retroceder). Es una expresión despectiva para calificar a los partidarios de instituciones políticas o sociales propias de tiempos pasados: "Es un retrógrado: está contra el voto de la mujer".

Tarado: que padece tara (defecto físico o síquico, por lo común importante y de carácter hereditario). Empleamos esta palabra como insulto, en vez de bruto, animal, idiota.

RIESGOSO

No existe oficialmente la palabra; pero qué tal oficiosamente... Existe *arriesgado*; si el grado de peligrosidad es mayor: *peligroso*.

SUICIDARIO

Ahí tenemos otro invento inútil. He leído "política suicidaria" y al buscar en los diccionarios encontré el sustantivo *suicidio* y el adjetivo *suicida*, además del verbo suicidarse que siempre es reflexivo (menos cuando no se cree en un suicidio y la gente dice "lo suicidaron"). El adjetivo correcto, suicida, es común a los dos géneros. Lo correcto hablando de política, habría sido decir: "una política suicida".

SUPERAVITARIO

Adjetivo que no existe, significa lo contrario de *deficitario* (que sí existe); por eso se usa aunque no haya sido reconocida. Lo mismo sucede con *deflacionario*: no existe oficialmente pero es útil y significa lo contrario de *inflacionario* (que sí existe).

TAMAÑOS OJOS

Modismo para indicar que los ojos son muy grandotes. Se emplea en otros casos también, siempre para dar la idea de algo muy grande. Todos sabemos que la palabra *tamaño* es un sustantivo común. En este caso funge como adjetivo.

TRANSACCIONAL

Un adjetivo muy cómodo para indicar: de la transacción, de transacción o de transacciones. Naturalmente, el sustantivo correspondiente es transacción, pero no disponemos del verbo correspondiente. (No me propongan *transaccionar...* porque me enojo.) El verbo *transar*, cuando es intransitivo, significa transigir. Pero cuando se usa con complemento: "*Transaron* a Juan", significa que lo hicieron víctima de pequeña estafa o engaño.

TRASCENDENTAL

Que se comunica o extiende a otras cosas. *Fig.*: "Que es de mucha importancia o gravedad por sus probables consecuencias". En este segundo sentido lo empleamos con mayor frecuencia:

"Una decisión *trascendental*", "Un hecho *trascendental*", "Una revelación *trascendental*".

TRASCENDENTE

Que trasciende. La primera acepción es "echar olor...", pero la segunda: Empezar a ser conocido o sabido algo que estaba oculto. Y la tercera: Extender o comunicarse los efectos de unas cosas a otras, produciendo consecuencias. Empleamos este verbo casi siempre en la segunda acepción, cuando nos hemos enterado de algo: "Ha trascendido en los medios oficiales que..."

Intrascendental: que no es trascendental.
Intrascendente: que no es trascendente.

Sin embargo, empleamos más frecuentemente esta palabra que la anterior, para indicar algo que carece de importancia, que no es trascendental.

TAMBIÉN VERBOS Y SUSTANTIVOS TIENEN LO SUYO

Pero ya se ha tratado todo tipo de incorrecciones en los capítulos anteriores, y quedan más para los siguientes; de

manera que solamente aparecerán aquí algunos que
quedan avergonzados en el fondo del cajón.

ANALFABETO O ANALFABETA

Las dos palabras son correctas pero, ¡cuidado!, la primera
es de género masculino, la segunda, del femenino: el *analfabeto*, la *analfabeta*. Muchas personas dicen: "el *analfabeta*",
que viene a ser lo mismo que: "el mujer".
El mismo caso se repite con:

AUTODIDACTO Y AUTODIDACTA

El primero: masculino: el *autodidacto*. El segundo sustantivo es femenino: la *autodidacta*.

CONDICIONALIDAD

He oído esta palabra por radio. No la encuentro en
ninguna parte, pero creo que el locutor leía lo que le
habían dado escrito; el redactor de la noticia debería haber dicho "una serie de condiciones para ese empréstito".
Tenemos el adjetivo *condicional* correspondiente a
condición y *condicionar*.

CURRICULÚM O CURRÍCULO

Currículum se emplea como "programa de estudios".
Como es palabra que pertenece al latín, tendremos que
formar el plural en *currícula*. Lo mismo sucede con *memorándum*, plural *memoranda*...
Si empleamos la palabra *currículo*, que no está en el
DRA pero que MA define como curso, transcurso, formaremos el plural en –*s*.
¿Y qué adjetivo tiene? Ninguno; estamos empleando
curricular porque es cómodo, aun cuando no goce de

aprobación universal ni resulte particularmente armonioso al oído.

DINAMIZAR

Tampoco "existe" pero la usamos para indicar: impartir *dinamismo*.

ÉNFASIS Y ENFATIZAR

Se hace *énfasis*, se pone *énfasis* o se *enfatiza*... todo ello para indicar que se hace hincapié, se insiste, se reitera o se refuerza.

¿Desde cuándo se emplea "enfatizar" con ese sentido? Porque en realidad, *énfasis* y *enfatizar* dan una sensación de engolar la voz, pronunciar destacadamente ciertas cosas... Es también por la traducción del inglés, en que *emphasize* significa: poner *énfasis* y también *hacer resaltar* o *subrayar*.

GRIPOSO

Esta palabra se emplea en España para lo mismo que en México: "agripado".

La TABLA redonda

Es cierto que en inglés y francés *table* es mesa... Pero la similitud de la palabra no debe hacernos olvidar que el uso corriente que hacemos de tabla es indicar una lámina de madera. Da la casualidad de que la famosa mesa era de piedra, luego al decir *tabla* se nos desvirtúa la idea histórica. La primera acepción de *tabla* en el DRA incluye "madera"; la segunda habla de cualquier otra materia. Pero nunca diremos: "pásame esa *tabla* de vidrio" ni "¿dónde está mi *tabla* de piedra?"

LINEAMIENTO

El diccionario nos dice: "*lineamiento*: delineación o dibujo de un cuerpo, por el cual se distingue y conoce su figura".

Sin embargo, nosotros empleamos el plural *lineamientos* para referirnos a una pauta, una orientación, las grandes líneas de conducta o de acción, el esbozo de un programa. Es un término muy cómodo y acabará sin duda por imponerse en el diccionario, que no registra aún esta acepción.

LISTADO

El diccionario dice: "Algo que lleva un dibujo en forma de listas (particularmente un tejido)". Pero cuando decimos: Hágame un *listado* de los estudiantes que presentarán exámenes, queremos decir: Elabore usted la lista... *listar* = *alistar* = *incluir en lista*.

OPTIMACIÓN, OPTIMAR, ÓPTIMO

Mucha gente dice *optimizar* (copiado del inglés *optimize*) y luego, naturalmente, dice *optimización*, para hacer juego. Es un anglicismo similar al de concretizar por *concretar*. ¿Adónde vamos a llegar?

PONCHAR, PONCHARSE

Se *ponchó* una llanta, significa: reventó y se desinfló una llanta.

Este tipo está *ponchado* = está fuerte.

[En Andalucía: *poncho* = *gordo* (MA). En otras provincias españolas tiene diferentes sentidos.]

En México quiere decir fuerte, no gordo.

El verbo *vacacionar* es de invención reciente; los diccionarios no lo registran. Significa lo mismo que el verbo *vacar*, que goza de antigüedad.

El verbo promocionar tampoco existe: tenemos *promover* con el sentido que se le da a "efectuar la *promoción* de alguna cosa".

Ambos están compuestos sobre el modelo de ovacionar, que existe y se entiende. Pero por lo general, los verbos recién salidos del horno y terminados en *-cionar*, son lamentables.

7. Una nueva enfermedad: La preposicionitis

Preposicionitis: *neologismo inventado por mí, que no quiero quedarme a la zaga de quienes lo fabrican al por mayor. Pero no está patentado aún; como las medicinas, debe someterse a prueba.*

El empleo de las preposiciones es difícil de dominar, no sólo en español sino, hasta donde yo sé, en francés, inglés y alemán. No hay razón alguna que me permita soñar que los idiomas que desconozco estén a salvo de calamidad tan grande. Pero reconozco que, por lo menos en alemán, las preposiciones, difíciles de aprender al principio, se convierten en el mejor aliado del estudiante que las domina. No puedo decir lo mismo del español, del francés ni del inglés, aunque en este último su empleo resulta más rígido que en los dos primeros y, por lo tanto, el uso que de ellas se hace, menos arriesgado.

La prueba de que las preposiciones del español son materia fluctuante, insegura y casi *terra incognita*, está en el mal uso que de ellas hacen, en todo lugar y a toda hora, las personas que carecen de nociones gramaticales tanto como las que, por obligación, deberían poseerlas.

[De todos estos casos] el único que presenta ciertas dificultades, por la multiplicidad de sus aplicaciones, son las preposiciones...

Salas

Me han causado tantos dolores de cabeza, en lo personal, que ni por un instante pongo en duda que lo mismo les suceda a muchas personas. El recuento siguiente quizá nos sea útil a todos:

A *ello se* AÚNA

Aunar: unir, confederar para algún fin. Unificar. Poner juntas o armonizar varias cosas.

Al decir a ello se *aúna,* la intención suele ser: A ello *se agrega, se añade,* a ello viene a *unirse...* Realmente, el verbo *aunar* parece demasiado rebuscado para usarlo diariamente; sin contar que se debe decir:

Con ello se *aúna.*

Esperen A EL *mago de los sueños*

Está mal dicho: "Esperen *al* mago de los sueños" es lo correcto.

Como también está mal dicho: La naturaleza *de el* hombre.

Debe decirse: "La naturaleza *del* hombre".

Al y *del* son contracciones compuestas de una preposición y un artículo masculino singular (el).

No pueden usarse tales contracciones en estos casos: Ha hecho las ilustraciones de *El Quijote.*

Leí un artículo referente a *El Príncipe* de Maquiavelo.

En el museo de *El Cairo,* Egipto...

Es propiedad de *El Salvador* (el nombre de esta república centroamericana no puede contraerse... ni en otros casos similares).

Eso nos AFECTA *a todos*

El verbo *afectar* puede ser transitivo directo: *Afectar* indiferencia, *Afectar* buenos modales, *Afectar* sentimientos nobles; en este caso, significa que *se finge tener.*

Cuando el verbo *afectar* es transitivo indirecto va seguido de la preposición *a*: Esta decisión nos afecta a todos. Su comportamiento afecta al buen desempeño de nuestra misión. Pero si encontramos:
Hay que convencer al mandatario *a que*...
Hay que persuadirlo *a que*...
Mal dicho: aquí no corresponde la preposición *a* sino la preposición *de*.
Hay que convencerlo *de que*...
Hay que persuadirlo *de que*...

En BASE *a*...

Expresión que oímos y leemos continuamente, y que no por frecuente deja de ser profundamente inadecuada. Se debe decir: *con* base *en*. Y ahora, agrego que he leído esta expresión indebida en un texto literario escrito y editado en España. Como dice el refrán:"En todas partes cuecen habas, y en mi casa, a calderadas".

El ejército estaba AL *mando del general*

En este caso, eso me suena como que el general estaba a las órdenes del ejército, cosa que sólo en momentos extremadamente revolucionarios podría producirse. ¿Quién manda? Pues, el general. Entonces: El general estaba *al* mando del ejército; y éste, bajo el mando de aquél.

Dejó A *su esposa a cargo de los niños*

¿Quién está encargado?, ¿quién tiene el cargo? La esposa. Entonces: Dejó los niños a cargo de su esposa.
Contradicciones como éstas se generalizan curiosamente, arraigan y, con el tiempo, son adoptadas y "legalizadas". Y es que, en realidad, se entiende por obligación. Pero si decimos algo así como *Juan está a cargo de Pedro*

o *el hermano está a cargo de la hermana*, ya no sabemos quién se encarga de quién.

En RELACIÓN *a...*

Mal dicho. *En relación con*. Nuevamente nos referiremos al verbo: *relacionarse con*. *En relación con* este asunto...; *en relación con* lo que antecede...

Hablo A *nombre de...*

Cuando rezamos, decimos: "*En* el santo nombre de..." Pues entonces: "Hablo *en* nombre de..." es lo correcto.

Hizo caso omiso A...

Mal dicho. Se debe decir: "Hizo caso omiso *de* todos nuestros consejos". "Haciendo caso omiso *de* lo que antecede..."

Este nuevo producto es distinto A *todo lo anterior*

No debe decirse distinto *a* todo sino: "Este nuevo producto es distinto *de* todos los anteriores".

Lo mismo sucede con el adjetivo *diferente*: nadie sabe qué preposición agregarle: diferente, diferente de... Decimos: "esto difiere *de* aquello". Por eso diremos: "el azul es diferente *del* verde".

GROSSO MODO

Esta locución adverbial latina, que significa más o menos: "sin detalle", suele emplearse equivocadamente como *a* grosso modo.

Te explicaré el asunto *grosso modo*, o sea, en sus grandes líneas.

También locución latina, significa "voluntariamente, de propia y libre voluntad". La encontramos también indebidamente precedida de la preposición *de*.

Tomé esa decisión *motu proprio*, como quien dice: "por mis pistolas".

Quiero entrar A la casa de mi amiga

No debe entrarse *a* la casa, sino *en* la casa: Quiero entrar *en* la casa de mi amiga.

Hizo mención A un político

Mencionar: hacer mención de una persona (DRA). Digamos, pues: Hizo mención *de* un político.

Aprende A fulano, que lo hace tan bien

Hay que aprender *a* los ferrocarriles, *Aprender: a* escribir, *con* Fulano, *de* Mengano (Sabaté).

Lo correcto es: Aprende *de* Fulano, que lo hace tan bien. Hay que aprender *de* los ferrocarriles.

Recordemos A una canción;

El autor titula *a* su artículo; Egipto derribó *a* un aeroplano; Visite *a* muebles ZXY.

Preposición *a*: recordamos a una persona; a un amigo, inclusive a un país, pero no a una cosa.

Se antepone la *a* a los complementos directos que sean nombres de personas y nombres propios de animales. También se puede agregar para evitar ambigüedad: "Todos le temen como *al* fuego" (Sabaté).

De acuerdo A *ciertos observadores*

Aquí, la intención era decir: "De acuerdo *con* lo que ciertos observadores dicen..." y el *a* debe ser cambiado por *con*. Decimos: "Estoy de acuerdo con él". Entonces, puesto que en este caso no existe acuerdo (convenio) alguno, será mejor expresarlo como sigue:
Según ciertos observadores...

BAJO *ese punto de vista, la cosa parece fácil*

No es bajo, sino *desde*:
Desde ese punto de vista, la cosa parece fácil.

BAJO *esas condiciones.*

No. Hay que decir: *En* esas condiciones.

BAJO *esas circunstancias.*

Tampoco: *En* esas circunstancias, sí.

Estoy contento CON *ustedes*

Significa, indudablemente, que estando con ustedes me siento contento. Pero, ¿cómo dirá el maestro a sus alumnos cuando se portan bien y estudian concienzudamente la gramática?
Dirá: Estoy contento *de* ustedes, como diría Estoy contento *de* que trabajen bien, y Estoy contento *de* verte.

Qué chica tan linda, preséntame CON *ella.*

Hay que decir: presentame *a* ella, o preséntamela.
Porque si se dice: preséntame *con* ella, la réplica normal sería: Te presentaré con ella (o sea, al mismo tiempo que ella), pero, ¿a quién?

La actriz X ES *acompañada* DEL *dramaturgo Z*

Si "acompañar" está en voz pasiva, deberíamos decir: *está* acompañada, pero entonces el agente debería ser introducido por la preposición *por.* (En este caso, en francés se usa la preposición *de*; ¿será este modo de expresarse un galicismo?)

La actriz X VA *acompañada por el dramaturgo Z*

En cambio diremos que Julio César fue muerto por sus amigos, y esto es definitivo, mientras que *acompañar* no lo es.

Resulta DE *que no pudimos salir ayer*

Resulta *de*, significa: es el resultado *de*.
El agua resulta *de* la combinación de hidrógeno con oxígeno.
Resultar: nacer, originarse o venir una cosa de otra (DRA).
Dice Amado Alonso:
"Son incorrectas, y deben evitarse, expresiones como: "Dice *de que* viene. Cuenta *de que* se va a sacar el premio. En estos casos ha habido influencia de otros verbos como *hablar*, que se acompañan generalmente de *de*."

Deber (Verbo transitivo): 1. Estar obligado a algo por ley divina, natural o positiva... 5. Se usa con la partícula *de* para denotar que quizá ha sucedido, sucede o sucederá una cosa.
1. Debes estudiar más, es tu obligación; de lo contrario, te reprobarán. *Debemos respetar* a nuestros mayores.
5. Ya *debe de ser* tarde, pero no sé qué hora es. Todos llevan paraguas: *debe de estar* lloviendo.

Es decir, que cuando se expresa *debe de*, siempre se trata de algo posible o probable, algo que es objeto de duda, nunca de obligación:
Llaman a la puerta, DEBE *de ser Juan (tal vez sea Juan).* Al decir *debe hacerse*, se está expresando una obligación, la cual no existe en el caso anterior:
Debe hacerse algo al respecto = hay que hacer algo al respecto.

Y Sabaté lo dice con bastante gracia:
"—¿Dónde está el martillo?
"—El martillo *debe de* estar en el cajón de las herramientas, que es donde *debe* estar."

Ese niño necesita DE *cuidados*

El verbo necesitar es transitivo, no necesita ir seguido de preposición. Diremos, sin embargo: Ese niño necesita *a* su madre... Y también: si no *me* necesitas más, me marcho.

El motor requiere DE *revisiones*

Requerir es un verbo transitivo que, como el anterior, no necesita preposición.
Requerirse en: *Se requiere algo en* esta oficina (lugar).

O para: *Se requiere* mucho talento *para* ese negocio (propósito).

Llegué con la lengua DE fuera

Dan ganas de preguntar: ¿Y dónde tenías la de dentro? Porque, en realidad sólo tenemos una lengua, y cuando nos apresuramos demasiado nos pasa un poco lo que a los perritos: que tenemos la lengua fuera, de tanto jadear y de tanta sed que nos provoca. Llegué con la lengua *fuera*.

Daba DE gritos

Como el verbo *dar* es tan universal en nuestro idioma, voy a seleccionar dos casos que vienen a cuento.

Dar: 16. Junto con algunos sustantivos, hacer, practicar, ejecutar la acción que éstos significan: *Dar* un abrazo, por abrazar, *Dar* saltos, por saltar; *Dar* barreno, por barrenar.

Nosotros agregaremos a esta acepción un ejemplo más: *Dar* gritos, por gritar.

En libros escritos en la República Argentina he leído: "hablaba a los gritos" por "hablaba a gritos". Es otro modismo.

Dar. 17. Con voces expresivas de golpes o de daño causado en alguna parte del cuerpo o con instrumentos o con armas de cualquier clase, ejecutar la acción significada por estas voces. *Dar* un bofetón, *dar* un tiro. En esta acepción constrúyese frecuentemente con la preposición *de:* dar de bofetones, de palos. Esto no corresponde a nuestro "dar de gritos", que de ahora en adelante limitaremos a *dar* gritos o *pegar* gritos.

¿Quieren ser TAN amables EN acompañarnos?

Aquí, la intención es decir: ¿Quieren tener la amabilidad de acompañarnos?

Tan: adverbio conjuntivo, apócope de tanto. Se emplea para modificar la significación del verbo, y encarece en proporción relativa la del adjetivo, el participio y otras partes de la oración, precediéndoles siempre. Correspondiéndose con *como o cuán* en comparación expresa. "El castigo fue tan grande como grande fue la culpa".

¿Quieren ser *tan* amables *como* para acompañarnos? o ¿Quieren tener la amabilidad de acompañarnos?

TENER *en mente*

No es correcto. Debe decirse: *Tener* en la mente.

EN CUANTO LLEGUE, *te llamaré*

Eso quiere decir: "Tan pronto como llegue, te llamaré".

Sin embargo, muchas veces leemos: "*En cuanto que* los trámites no han sido satisfechos, se impondrá una multa de...". Esto es incorrecto; habría que decir: *Por cuanto* para explicar la razón. Mientras que *en cuanto* significa *tan pronto como*.

Mi hermana llegará HASTA *mañana*

Cobraré HASTA *fin de mes.*
Abrirán el almacén HASTA *mañana.*
Hasta: preposición que sirve para expresar el término de lugares, acciones y cantidades continuas o discretas.
Mi hermana *no* llegará *hasta* mañana.
No cobraré *hasta* fin de mes.
No abrirán el almacén *hasta* mañana.
(Véase en "Palabras y expresiones...", p. 40.)

Los invitamos PARA *que asistan al baile*

Los invitan PARA *que vean una película.*
Te invito un café.
O mucho o nada. Las dos primeras expresiones son incorrectas porque está la preposición *para*: se invita *a* hacer algo; se invita *al* baile o *a* ver una película.
Pero no se puede prescindir de preposición en "Te invito *a* un café".
La juventud acostumbra decir, a veces: Te disparo un café.
Aunque lo más correcto sería emplear el verbo convidar: Te convido *a* comer.

Propugnar POR...

Pugnar: Batallar, contender o pelear. 2. Solicitar con ahínco, procurar con eficacia. 3. *Fig.* Porfiar con tesón, instar por el logro de una cosa. *Pugnaba* por que lo tomaran en cuenta. *Pugnaba* por ser escuchado, pero nadie le prestaba atención.
Propugnar: defender, amparar.
Propugnamos el establecimiento de una paz duradera.
Luchamos por el triunfo de nuestros ideales.
Vemos que en *pugnar* hay que agregar la preposición *por*, mientras que *propugnar* encierra en sí su preposición.

Atraviesa POR *años difíciles*

Este verbo *atravesar* es transitivo; no necesita preposición, excepto en la voz pasiva: *Atravesado* de dolor, *atravesado* por una bala.
Su sexta acepción: pasar cruzando de una parte a otra; atravesar la plaza, el monte, el camino (DRA).

Leemos con mucha frecuencia *estamos* ATRAVESANDO *por* una crisis, pero, ¿para llegar adónde? *Atravesamos* el río por un puente, eso sí. Aquí, me parece que hay confusión con *pasamos* por una crisis, que está correctamente expresado. Lo demás será: *atravesamos* una crisis, y si la *atravesamos* es para salirnos de ella, ¿no?

Cien viviendas han tenido que ser evacuadas POR *las inundaciones*

Ser evacuadas: voz pasiva. Por es la preposición que introduce al agente (activo). O sea, que la noticia anuncia: "Las inundaciones han tenido que evacuar cien viviendas", lo cual constituye una grata noticia. Desgraciadamente lo que ese encabezado informaba era algo muy triste: "Los ocupantes de cien viviendas habían tenido que evacuarlas *por causa* de las inundaciones"; *a causa* de las inundaciones.

Debemos convencer a los Aliados PARA *que nos ayuden*

Convencer *a* alguien *de* algo *con* buenas razones.
Con buenas razones convenceremos *a* los Aliados *de* que nos ayuden.

POR PARTE DE

"Treinta millones de mexicanos serán beneficiados al entregárseles paquetes familiares *por parte* de la SARH".
Ahí viene sobrando "parte de". La frase será más correcta de la siguiente manera: "Treinta millones de mexicanos serán beneficiados al entregarles la SARH paquetes familiares".
"Milicianos reciben entrenamiento *por parte* de la organización chiíta". También aquí sobra "por parte".
"Reciben entrenamiento de la organización" y ya está.

106

Ahora bien: Dale recuerdos *de mi* parte. Y también: *Por mi parte*, prometo ayudar en todo lo posible.

DESTINADA

"Esa carne estaba destinada *para* abatir el precio en el D.F.": muy mal expresado. Lo correcto sería: "Esa carne estaba destinada al D.F., *para* abatir el precio al que la están pagando los capitalinos" o "Esa carne estaba destinada *a* abatir los precios". Con el verbo *destinar* empleamos la preposición *a*.

Se siente preocupación PARA...

Mal dicho: uno se preocupa *por* algo. Después de preocuparse y preocupación hay que emplear la preposición *por*.

8. Incorrecciones a voz en cuello...
y a miles de ejemplares

Cuando cometemos una incorrección en voz baja, todavía pasa. Pero cuando se pone uno a gritar por los altavoces de todos los aparatos receptores del país, la cosa pasa de castaño a oscuro.

EN SU REINADO NO SE METERÁ EL SOL clamaba la publicidad de un automóvil, parodiando lamentablemente lo dicho del Imperio de Carlos I de España y V de Alemania: "Sobre sus posesiones no se ponía el sol", indicando que al girar la Tierra siempre exponía al Sol alguna posesión española. Por otra parte, reinado significa el tiempo que reina un rey. En cuanto a lo de que el Sol se meta... falta decir "que meta las narices".

Atrás DEL FREGADERO, *abajo* DE LA PUERTA, POR DONDE SE METEN LAS CUCARACHAS DE LA CASA *de junto.*

Evidentemente, la marca que se anuncia tan tosca, vulgar e incorrecta es una multinacional, pero, ¿y el que redacta el anuncio? ¡Tres horrendas faltas en sólo dieciocho palabras! ¿Dónde está la censura?

"*Detrás* del fregadero, *debajo* de la puerta por donde se meten las cucarachas de la casa *vecina*".

Se ha dicho lo mismo pero en español correcto.

En sus manos ESTÁ *el problema y la solución*

Si invertimos la frase resaltará mejor la falta: El problema y la solución *está* en sus manos. Pero cuando tenemos un sujeto doble, hay que poner el verbo en plural: En sus manos *están* el problema y la solución. Y de día en día se usa con mayor frecuencia. El maestro Carlos Laguna me dice: está aceptado. Y yo le respondo: Anda, pon antes los sujetos y verás lo que pasa (o sea: el problema y la solución *está* (¿?) en sus manos. Imposible, ¿verdad?).

Se REVALORIZA *la acción y la aventura individuales*

Enhorabuena, el adjetivo "individuales" está en plural... ¿Y el verbo?
Aquí corresponde también decir: "Se *revalorizan* la acción y la aventura individuales".

Evítele A LOS SUYOS...

Si *los suyos* es plural, el pronombre *le* unido al verbo debería ser *les. Evíteles* a los suyos...

...EL MATRIMONIO ENTRE INDIOS Y ESPAÑOLES...

¡Por favor! A las indias y las españolas, que nos parta un rayo. Además de que conquistadores y conquistados quedan en situación muy desairada.

Unas veces estamos FRENTE *y otras* DETRÁS *de la ventanilla*

Unas veces estamos, ¿frente *de* la ventanilla? En este caso no está bien dicho. Se podría decir: "Unas veces estamos *delante* y otras *detrás de* la ventanilla", porque

109

entonces *delante de* y *detrás de* van a utilizar sólo una vez la preposición *de*. Pero frente debe llevar *a*: *frente a* la ventanilla.
¿Qué entenderá el lector al leer esta frasecita?

No se reanudarán las pláticas hasta que no sea menor su intransigencia

Yo entendí que se reanudarán las pláticas cuando *no sea menor* (o sea, que será mayor) la intransigencia. Esto estaba escrito, y no se lo lleva el viento; hay que leer de nuevo lo que se ha escrito y ver si está correcto antes de dar el "tírese":

"No se reanudarán las pláticas mientras no sea menor su intransigencia", o incluso: "hasta que sea menor su intransigencia".

Leyendo un anuncio publicado por una institución (Dianética), descubrí tantas faltas que envié por correo el anuncio corregido (gratuitamente) a la dirección del anuncio; me dieron muy amablemente las gracias por teléfono.

Tiempo después, volvió a publicarse el mismo anuncio *con las mismas faltas* que el anterior... más de una docena. Esta vez el pecado no era de ignorancia, sino de una indiferencia exagerada por la corrección del idioma.

En una serie "blanca" de televisión, titulada *Los pioneros*, uno de los episodios trata de una epidemia en la aldea, causada por las ratas y las pulgas de éstas. Usted y yo sabemos que se trata de la peste, que en inglés se llama *plague*. Pero el doblaje en español se arregló llamándola tifus. ¿Qué tal? El tifus propagado por las pulgas de las ratas. ¿Y qué puede hacer uno al oír esa barrabasada? Aguantar y callar y dejar que nos tomen por tontos.

No nada más *es para mí*

Ahí tenemos dos negaciones juntas, sin separación de coma (no, nada más), con el sentido de "no sólo".

110

Cuando apareció este librito, un amigo me echó en cara, como incorrección, el título: "Hablar bien *no* cuesta *nada*". Decía que no + nada = mucho. Estaba equivocado. La regla en español es que cuando *nada, ninguno, nadie, nunca* van antes del verbo, la negación es absoluta: *Nada* me importa. *Ninguno* con ese nombre se ha presentado. *Nadie* sabe. *Nunca* cederé. Pero si cualquiera de esas palabras va después del verbo, es necesario convertir éste en negativo mediante *no* previo: *No* me importa *nada*. *No* se ha presentado *ninguno* con ese nombre. *No* sabe *nadie*. *No* cederé *nunca*.

Pues bien: decir *no nada más* es un mal ejemplo para los niños que ven y escuchan a la actricita de la televisión y que querrán hablar como "su" estrella. *No* es para mí *nada más*. *No es solamente* para mí, serían expresiones más correctas.

PARA USTED QUE LE *gusta vivir bien*

¿Y hablar mal? Para usted que entiende... que vive... que estudia..., que gusta de vivir bien. Esto es correcto, porque el pronombre relativo que viene siguiendo al antecedente es *usted*, y es sujeto del verbo.

Para usted *a quien* le gusta vivir bien... *a quien* agradan las flores... *a quien* todos respetamos: estos son ejemplos con el uso de la preposición *a*. ¿Por qué? Porque en este caso *quien* es complemento del verbo correspondiente:

1) Vivir bien le gusta, ¿a quién?, a *usted*, sustituido por el pronombre relativo *quien*. Este *quien* es complemento indirecto de *gusta*; el sujeto es "vivir bien".

2) Las flores agradan, ¿a quién?, a *usted*, sustituido por el pronombre relativo *quien*. Este *quien* es complemento indirecto de *agradan*.

3) Todos respetamos, ¿a quién?, a *usted*, sustituido por el pronombre relativo *quien*. Este *quien* es complemento directo del verbo "respetamos" (el sujeto es "todos"), pero lleva la preposición *a*, no por la posibilidad de que sea indirecto, pues no lo es, sino porque se trata de una persona.

Si el lector considera que esta lista es muy corta, será mejor que no se haga ilusiones: para muestra, basta un botón. Que lea o escuche detenidamente los anuncios, y verá que me he quedado corta. Este librito no puede ser una recopilación *completa* de las barbaridades cotidianas que nos es forzoso aguantar.

UN BUEN CHISTE

He oído por radio una frase publicitaria para fomentar el estudio del inglés en cierta academia que no voy a nombrar:

El único idioma INTERNACIONAL *es el inglés*

¿Está de acuerdo el lector? Yo, no.

Si el inglés fuera el único idioma internacional, sería porque todos los países de habla hispana constituirían una sola nación. Pero somos trescientos millones de hispanohablantes diseminados en unos veinte países distintos: eso hace ya del español un idioma internacional.

Que el inglés sirva para los negocios, que haya negociaciones en inglés porque alguna personalidad británica o estadounidense esté fungiendo como árbitro en algún tratado, no lo niego. Pero la frase publicitaria es, además de falsa, un intento de menoscabar el idioma nacional del país en que se pronuncia por los canales de comunicación masiva.

Y cuando dije *chiste* yo también cometí una incorrección: no es nada chistoso. Es, como suele decirse en México, una *sangronada*.

9. Los diccionarios

Evidentemente, toda persona que desea expresarse correctamente acude con frecuencia al diccionario. Pero, ¿cómo escoger uno que sin ser caro resuelva todos los problemas? No existe: ni caro ni barato; no conozco un diccionario que resuelva todos mis problemas. Tengo varios a mi disposición, y aun así me quedan dudas. Quien crea que el DRA, porque cuesta mucho dinero, resolverá todos los problemas, también se equivoca. Lo tengo y con frecuencia debo acudir a otros, como podrá comprobarlo el lector si consulta la bibliografía al final de este libro.

Ahora bien, se publicó en México un voluminoso libro titulado *Madre Academia*; su autor, Raúl Prieto, arremete contra el diccionario, el conjunto de los académicos y hasta el edificio en que se aloja la docta sociedad.

El señor Prieto tiene razón en muchas de las cosas que dice: que es un libro caduco, que encierra incorrecciones, que no incluye muchas palabras que se emplean en el español de México...

En efecto, sería bueno tener un Diccionario de la Academia al día. Para cuando los académicos deciden aceptar un término que empleamos corrientemente, por necesidad de expresión y sin su beneplácito, la palabra puede haber caído en desuso. En este caso, cuando aparezca la palabra, como consagrada por la Academia, ya estará olvidada. Es el caso de la palabra *fonógrafo*; todos decimos "tocadiscos".

Si la lengua se enriquece anualmente con más de *mil* términos nuevos, habría que sacar todos los años un nuevo Diccionario de la Academia que los consignara, junto con sus definiciones; pero al mismo tiempo, deberían restársele las voces caducas, anticuadas, olvidadas.

Esa tarea suele quedar en manos de las casas editoriales que publican diccionarios; pero éstos se basan también en el Diccionario de la Real Academia; y tampoco se publica una edición nueva anualmente.

¿Entonces? La solución sería tener un diccionario por fascículos: el fascículo 1978, por ejemplo, comprendería las palabras introducidas durante el año, con su definición, y además una lista de las palabras que se han "perdido por el camino de la vida".Ya sabríamos que todos los años habría que adquirir ese fascículo...Y que su precio no fuera prohibitivo, dicho sea de paso.

Por otra parte, la Academia podría darse gusto publicando un diccionario de arcaísmos, el cual sería extremadamente útil para los estudiosos de literatura antigua, traductores, etcétera.

El libro del señor Prieto está escrito con fino humorismo y a veces con chistes que son deliberadamente de "artillería gruesa". Me ha divertido mucho. Desgraciadamente, sólo sirve como crítica y diversión. No resuelve muchos problemas. Son setecientas sesenta páginas dedicadas a cañonear a la Academia. Y por su tamaño tanto como por su excelente presentación tipográfica, se vende muy caro.

Para aprender a hablar bien y conocer el sentido de las palabras, el Diccionario de la Real Academia y *Madre Academia* resultan insuficientes porque no están destinados a la gente que más necesita aprender. Sólo cabe esperar que libritos como este mío y otros, al alcance del "gran público" por su texto y su precio, sean de alguna utilidad en cuanto a difusión de incorrecciones que deben evitarse y términos de mejor calidad expresiva.

SEGUNDA PARTE
Escribir bien

1. Cómo redactar

Muchas personas se quejan de su incapacidad para redactar. He probado esto en una clase en la que mis alumnos hacían unas tareas de redacción, incalificables:

"Hoy la clase va a ser de chistes; cada uno de ustedes tiene que contar un chiste. Empiezo yo para que vean lo que les pido."

Poquísimos fueron ese día los que no "redactaron" un chiste de manera más o menos graciosa.

Al final, les dije:

"Han demostrado ustedes que son capaces de relatar un chiste. Eso es redactar; luego, son capaces de redactar".

Lo mismo le digo al lector; contar un chiste, captar la atención de las personas a quienes se lo cuenta, y hacerlo entender de manera que tras las últimas palabras se oiga una carcajada: eso es redactar.

Analicemos. El chiste tiene un argumento: se introducen los personajes, la situación y, finalmente, el desenlace es lo que constituye lo gracioso. No se puede alterar el orden porque "se destriparía" el cuento.

De esa manera, *intuitivamente*, el chistoso administra la *redacción* y la entrega de modo que logre el efecto deseado.

Ahí está el secreto.

Al escribir, hay que intensificar progresivamente el interés para que el lector, aburrido, no abandone la lectura. Otro ejemplo: *la biografía*. Una biografía es la vida de algún personaje histórico, literario, algún artista, etcétera...

Pues bien, los personajes, como todos nosotros, nacen, viven y mueren. Normalmente hay que respetar ese orden, aunque los escritores —ya sean literatos, novelistas o periodistas— logran efectos dramáticos iniciando la historia de su personaje el día en que muere o en un momento culminante de su carrera, y prosiguiendo la historia más o menos cronológicamente. Esto se lo puede permitir un profesional, pero no un aficionado.

La correspondencia

Quiero decir que si escribe usted una carta pidiéndole a un amigo que le preste mil pesos, no le conviene empezar pidiéndoselos, ya que "el cuate ese" tirará el papel a la canasta sin pensarlo dos veces.

Más bien, después de saludarlo, dígale algo así: "Por mi parte, estoy más o menos en la misma situación que tú —¿te acuerdas?— cuando te pasó aquello y viniste a pedirme prestado.

"Ahora, hermano, te toca a ti sacarme de apuros porque..."

¿No es más sensato? Tal vez falte un poco el tacto pero, como se dice vulgarmente, "la necesidad es muy canija". Si la carta que debe escribir es para solicitar empleo, no lo pida de buenas a primeras, establezca precedencias en el tiempo:

1. Me he enterado de que está vacante un puesto de...

2. He ocupado un puesto similar desde el... hasta el... en tal lugar, con éxito, y tengo las referencias...

3. Quizá considere usted la posibilidad de contratarme si me permite presentarme con mis títulos y referencias.

Por lo general, cuando *tenemos* que escribir... y si subrayo es solamente porque escribimos "cuando tenemos que hacerlo"; muy pocas personas escriben cartas por el placer de hacerlo, por la satisfacción de comunicar a familiares o amigos lejanos la vida que estamos llevando; y ese placer, esa satisfacción se multiplican cuando recibimos cartas. Porque, eso sí, a todos nos agrada recibir cartas de amigos y parientes, cartas en que nos cuentan cómo les va, qué hacen y cuánto nos recuerdan.

Pues bien, repito: cuando tenemos que escribir, es por que hay algo que decir, algo que debe ser comunicado. Buenas o malas noticias, hay que transmitirlas. ¿Entonces?, ¿cómo hacerlo?

Lo más sencillo consiste en hacer una lista, más o menos como un inventario, de las cosas que deben decirse; la lista se hace sin orden, escribiendo a medida que las cosas acuden a la memoria. Cuando está terminada, se deja reposar. Más adelante —minutos, horas o días después (pero no muchos días)— se repasa para ver si no se ha olvidado algo; si se había olvidado, se agrega. Cuando la lista está completa, se puede pasar a numerar cada renglón, según el orden que se le quiera dar. Es un poco como en los créditos del cine; anuncian a veces al primer actor y luego aparecen, por orden decreciente, los menos importantes. En otros programas es al revés: primero los poco importantes y al final, en letras grandes, la estrella. Y en los programas de teatro los nombres suelen enumerarse por orden de aparición en escena. Pues bien, se puede hacer cualquiera de las tres cosas: *1)* escribirlo todo en el orden en que nos vino a la mente; *2)* escribirlo por orden de importancia, poca o mucha; *3)* lo mismo que el anterior, pero de mucha importancia a poca. ¿Verdad que es sencillo?

Ahora bien, cuando se escribe lo que se llama en el vocabulario escolar "una redacción", conviene seguir más o menos los mismos pasos, pero con mayor rigor, con mayor formalidad.

Redacción

Se prepara un borrador, estableciendo la lista de las cosas que se deben decir; y aquí, con mucha seriedad, se les debe asignar su número por orden de importancia: ya no se va a escoger entre *2)* y *3)* anteriores, sino lo que haya dicho el maestro. Por lo general, los profesores prefieren la modalidad *2)*, es decir, que lo mas importante quede al final.

Lo que constituye la introducción o planteamiento, en una redacción, suele estar compuesto de argumentos, estudios preliminares, citas, en una palabra: datos; el cuerpo de la redacción, o sea el desarrollo del tema, es ya cuestión del autor , suele ser la interpretación que éste da a lo anterior, y constituye la parte más extensa de la redacción. Finalmente, la tercera parte suele ser una conclusión sacada de todo lo que antecede.

Obsérvese que esto es lo contrario de lo que se pide en el informe; generalmente, cuando se escribe un informe conviene poner en primer lugar y algo destacado, algo aparte, la conclusión a la que se ha llegado. En la redacción o el trabajo literario, el procedimiento es al revés: la conclusión viene al final, y si uno empieza leyendo la conclusión tendrá que tomarse la molestia de empezar a leer desde el principio para saber cómo se llegó a ella. Es como la gente que lee el final de una novela para ver si termina bien o mal, y que después lee la novela desde el principio.

Pero sea como fuere, existe un procedimiento estándar que debe seguirse al escribir, y es el de las tres partes: introducción o planteamiento, exposición o desarrollo, y desenlace o conclusión. Es evidente que, según el tema que se esté tratando, habrá subdivisiones, por ejemplo:

1. *Introducción.* Sirve para presentar el tema, para indicar al lector el asunto de que se trata; es como abrir una puerta.

2. *Desarrollo.* También se llama exposición. Es lo más importante del escrito.

3. *Conclusión.* También llamada epílogo o cierre. Sirve para "cerrar la puerta", para poner fin a todo el discurso. A veces la conclusión es imposible (por ejemplo, cuando se trata de cosas que todos ignoramos, tales como la otra vida, el cosmos, lo que nos reserva el porvenir) y por lo tanto se deja "la puerta abierta" a estudios ulteriores.

El estilo

Es muy diferente el estilo para escribir una carta a un familiar, a un superior, a una entidad o para escribir una composición literaria o un informe científico. Estilo es una manera general de expresarse.

A pesar de esa diferencia de expresión en cada una de nuestras manifestaciones, algo debe tenerse siempre presente: hay que expresarse con sencillez. La sencillez es la clave; es la mejor manera de hacerse comprender. Las frases bastante cortas —pero no cortadas— deben ocuparse de una sola cosa a la vez.

Frase contradictoria

El representante dijo que dadas las nuevas circunstancias *no* había que evitar que los accidentes se repitieran.

(*Había que evitar.* Por ser la frase larga, dijeron lo contrario de lo que querían decir.)

Por ser tan ajeno a la realidad del momento, el embajador criticó el movimiento insurreccional. (¿Quién es ajeno? ¿El embajador? ¿El movimiento?)

Frase en *spanglish* o *espanglés*

El *output* demuestra que el *cashflow* no ha satisfecho al *standard* establecido por el *trust* del acero. (¿Qué no lo entiende usted? Será porque nunca lee la "página financiera".)

MODELOS DE CARTAS

Solicitud de empleo

Fecha

Compañía de Exportaciones, S.A.

Muy señores míos:

Desde hace algún tiempo estaba a la mira de una oportunidad para colocarme como secretaria trilingüe, cuando tuve la suerte de leer su ofrecimiento de empleo.

Actualmente trabajo como secretaria bilingüe (inglés/español) en la Asociación para el Desarrollo de la Colectividad, y no tengo oportunidad de emplear mi tercer idioma (el francés).

Estoy dispuesta a presentar un examen de competencia, para lo cual solicitaré permiso en la Asociación, pues ya saben en mi actual trabajo que busco una posibilidad para hacer uso de todos mis conocimientos.

Esperando que mi solicitud sea bien recibida por ustedes, tengo el gusto de saludarlos atentamente.

(Firma)
Zoila Zavala Z.

Barranca 7
México 01222, D.F.
Teléfono en horas laborables: 5503 0201

Cuando se trata de escribir una carta de referencias, es más sencillo: basta indicar el nombre de la persona, el tiempo que se la conoce y la opinión que se tiene de ella, en vista de lo cual, se le extiende esa carta.

Carta de referencias

A quien interese:

Tengo el gusto de conocer al señor Juan López Tapia desde hace diez años, cuando ambos residíamos en Campeche, y me complace afirmar que se trata de una persona honrada a carta cabal, que acostumbra cumplir sus compromisos.

En vista de lo cual, a petición suya y para los efectos que desee, le extiendo la presente a 30 de julio de 2003, en la ciudad de México.
(Firma)

Dr. Jaime Ruelas Smith
Niza 144-3
México, D.F.

La carta de recomendación exige un poco más de trabajo que la anterior.

Se recomienda a la persona —como antes— porque se la conoce y se sabe que es competente en tal y cual aspectos. Además, como también se conoce al destinatario, se puede agregar una expresión más apremiante y afectiva que a la anterior.

Carta de recomendación

Fecha

Licenciado...
Oficial Mayor de...

Muy señor mío y estimado amigo:

Por este medio me permito presentar a usted al joven _____, pasante de Derecho, a quien recomiendo incondicionalmente, pues ha sido alumno mío en la Universidad durante varios años; usted podrá comprobar que sus calificaciones han sido inmejorables a lo largo de la carrera, y su carácter es excelente: enérgico, laborioso y serio. Actualmente está preparando su tesis y necesita empezar a ganarse la vida con su profesión.

Ojalá disponga usted de algún puesto vacante en su dependencia; nada me complacería más que tener a uno de mis mejores discípulos bajo la ilustrada autoridad de usted que ha sido siempre un ejemplo para todos nosotros.

Lo saluda su incondicional amigo

(Firma)

Otro tipo de carta, algo diferente de las dos anteriores suele servir para que una persona se presente no ya "por sus pistolas" sino con el respaldo de alguien. Puede ser que la persona sea tímida, no tenga mucha cultura o no sepa abrirse las puertas. En ese caso, bastará decir:

Carta de recomendación

Señor Oficial Mayor del Ministerio
de Bienes y Servicios

El que suscribe, Juan García Cruz, tiene el honor de presentar a usted al portador de la presente, José Arce Ruiz, quien tiene que tratar un importante asunto en la dependencia a su digno cargo.

Esperando tenga a bien recibirlo y orientarlo, me es grato reiterarle las seguridades de mi atenta consideración.

(Firma)
Dirección

Suele ser necesario también solicitar informes sobre alguna persona, y conviene hacerlo con tacto.

Fecha

Ing. López de la Rama
Presente

Muy señor nuestro:

Nos permitimos molestar su atención a instancias del señor _____, que fue colaborador de usted de 1969 a 1973, y que ha solicitado el puesto de representante de ventas en nuestra compañía.

Agradeceremos mucho su opinión respecto al candidato, y sea por carta o, si le es menos inconveniente, llamando por teléfono a cualquiera de nuestros números, a este servidor.

(Firma)
Nombre
Título

A veces hay que solicitar informes, pero no respecto a una persona sino sobre cualquier otra cuestión. Este modelo puede adaptarse a cualquier situación, efectuando los cambios necesarios.

Carta de solicitud de informes

Fecha

Muy señores nuestros:

Hemos leído en el diario de ayer que ofrecen ustedes cursos de perfeccionamiento a personal de oficinas.

Precisamente estábamos estudiando la posibilidad de llevar a cabo en nuestra empresa un programa de actualización y superación de nuestro personal burocrático.

Nos agradaría recibir la visita de su representante para que nos informe acerca de sus programas, fechas, posibilidad de impartir los cursos en nuestras oficinas, tarifas, etcétera.

Agradeciendo anticipadamente su atención, nos suscribimos de ustedes, atentamente.

(Firma)
Gerente administrativo

Un tipo de cartas desagradables de escribir, en la vida profesional, es la carta de reclamaciones, ya sean éstas por defecto de un producto, no entrega, falta de pago o error en la entrega. Una carta de reclamaciones por falta de pago viene a continuación; no hay que olvidar que el que debe pagar es un cliente, y que se desea seguir teniéndolo por cliente, aunque "mal pague"; por lo tanto, hay que usar cierta delicadeza al reclamarle.

Carta de reclamación

Fecha

Muy señores míos:

Tengo la pena de recordarles que el trabajo de instalación eléctrica que efectué en sus oficinas —a su entera satisfacción, según sus propias palabras— no me ha sido totalmente pagado aún.

El saldo que me adeudan es todavía de $5 000, y he acudido repetidas veces a solicitárselo al cajero, sin resultado. Mucho agradeceré a ustedes se sirvan girar las órdenes de liquidación de ese remanente que me es tan necesario.

En espera de una respuesta favorable, los saluda atentamente.

Félix González
Perito electricista

CORRESPONDENCIA PRIVADA

La correspondencia privada, como es cuestión ya afectiva, ya social, debe considerarse desde un punto de vista más personal, es decir, que ya puede uno revelar más íntimamente su personalidad.

Las cartas de felicitación son agradables de enviar, pues cuando hay ocasión de felicitar, es porque se ha producido algún suceso honroso o sencillamente placentero.

Se felicita por un ascenso, una graduación, una boda o un nacimiento, y esas cartas deben reflejar la alegría sincera que se siente al escribirlas. A veces no se escribirá, pero se enviará un regalo; es lo cómodo, fácil, y sólo exige firmar una tarjeta con algo así como: Felicitaciones de...

Sin embargo, no siempre se envían regalos, y entonces hay que compensarlo diciendo algo agradable como:

Modelo 1

Estimados amigos:

Acabo de enterarme de que Alfredito, aquel niño que conocí tan travieso, acaba de graduarse de abogado. Es maravilloso, y estoy seguro de que todos se sienten muy orgullosos de él.

En la pequeña parte que a mí me toca, también yo me siento muy dichoso al ver que todos los esfuerzos de él y de ustedes se han visto recompensados al fin.

Muchos saludos afectuosos de

(Firma)

Modelo 2

Fecha

Queridos Juan y Lola:

Qué gran satisfacción me ha dado saber que un hijito acaba de llevar la alegría a su hogar!
Mil felicidades para ustedes y para el chiquitín, al que espero conocer muy pronto.
Los saluda afectuosamente

(Firma)

Modelo 3

Fecha

Licenciado:

La prensa informa hoy del grato acontecimiento: ha sido usted nombrado embajador de nuestro país en la República de Transvalia.
Estoy seguro de que su actuación al frente de nuestra representación diplomática será tan notable como lo fue su paso por el Ministerio de la Cultura, donde tan buenos recuerdos ha dejado.
Deseándole mayores triunfos aún en esta nueva etapa de su carrera, lo saluda con entusiasmo y cordialidad.
Su afectísimo

(Firma)

En la vida privada, las cartas más difíciles de escribir son las de pésame, ya sea éste sincero o no, y sobre todo en este último caso. Como siempre, el envío de una corona puede suplir las palabras, pero como este expediente no siempre está a nuestro alcance, existe la posibilidad de enviar un telegrama:

NUESTRO MÁS SENTIDO PÉSAME EN ESTA HORA
DE DOLOR PUNTO MARÍA Y GONZALO

o de escribir una carta.

Modelo de carta de pésame

Fecha

Queridísimo y dilecto amigo:

A mi regreso a la capital, esta misma tarde, me esperaba la desoladora noticia del fallecimiento de tu esposa. Para quienes hemos tenido el privilegio de conocerla, su desaparición constituye una pérdida irreparable. ¡Qué diré de ti!

El único consuelo que puedo ofrecerte es que, durante los años que ha pasado contigo, te ha permitido disfrutar de la presencia, el amor y la dedicación de una mujer excepcional. A pocos mortales les es dado gozar de tanta suerte, por efímera que sea.

Fernando, amigo mío, contigo en el dolor, te abraza fuertemente

(Firma)

EL SOBRE

La primera impresión que causa una carta no es ésta, es el sobre. Cuando se recibe una carta se mira la letra, el nombre del remitente, el sello de correos, y después se rompe el sobre para leerla. La primera impresión, pues, debe ser agradable.

Un sobre bien escrito, con claridad (pobre cartero) y buena letra o letra de molde bien trazada, debe indicar lo siguiente:

Nombre del destinatario (señor, señora o señorita). Dirección del destinatario: calle, número, colonia o barrio, número de la zona postal (o del distrito, en algún país), población, provincia o departamento y, finalmente, cuando es para el extranjero, nombre del país, no en el idioma original (a veces eso resultaría imposible; piense usted en los idiomas que no tienen nuestro alfabeto: ruso, árabe, hebreo, chino, japonés, etcétera) sino en nuestro idioma.

Dirección y nombre del remitente, ya sea en el ángulo superior del frente del sobre o en el reverso de éste.

Modelo de sobre con datos del remitente

Al frente

Rte. M. Losada
Apdo. Postal 45
San José (B.C.S.)

Doctor E. Bueno
Calle del Manzanares 29
México 01222, D.F.

o al dorso

M. Losada
Apdo. Postal 45
San José
B.C.S.

Modelo de sobre con datos del remitente al dorso

POR AVIÓN

Al frente

Srita. Carmen Villarreal
Av. de la Luz 15
Vitoria (Alava)
ESPAÑA

o al dorso

Rte. M. L. Alonzo de Monte Ida 3
Lomas de Chapultepec
México 01222, D.F.

EL INFORME

En la vida moderna, en el trabajo que uno desempeña para ganarse la vida, se ha vuelto imperiosa la necesidad de redactar informes. ¿Por qué? Por muchas razones: porque al hacerse cargo de un nuevo departamento, el jefe tiene que informar sobre las observaciones de cómo está y proponer enmiendas y mejoras; porque al haber llevado a cabo la inspección de un departamento, una institución, una empresa, un taller, hay que dar cuenta, a las personas que nos encargaron de ello, de lo que hemos comprobado, y también destacar las deficiencias que podrían corregirse, que necesitan superarse; porque a un nuevo jefe que no sabe lo que hacemos en su dependencia, tenemos que informarle de cuál es nuestro papel, aprovechando la oportunidad para sugerir qué más podríamos hacer, qué cambiar, qué rutinas abandonar, etcétera...

Hasta el estudiante tiene que preparar informes, sólo que en la escuela se llaman redacción, resumen, relato, etcétera. Entonces, si la necesidad está tan generalizada, si es tan corriente, ¿por qué esa impericia, esa timidez, ese desasosiego ante la tarea? Generalmente, porque se carece no sólo de práctica sino también de los lineamientos necesarios para redactar bien el informe.

¿Cómo se lee un informe?

El destinatario del informe suele comenzar por leer las conclusiones, pues así tiene una idea general de todo lo que dice. Cuando sabe lo que pretendía el redactor, vuelve hacia el principio y avanza paso por paso, siguiendo la lectura como quien lee una novela o un relato histórico. A veces, un resumen al principio del informe, pretende dar una indicacion general —demasiado general— sobre el contenido del mismo. El resultado es una pérdida de tiempo, con o sin resumen.

Lo tradicional

La estructura tradicional del informe técnico, tal como lo prescriben la mayoría de los libros de texto y los manuales de las diversas compañías, es la siguiente:

a) Resumen
b) *1.* Introducción
   2. Análisis
   3. Conclusiones y recomendaciones
c) Apéndices

133

Un nuevo enfoque

En los últimos años se ha modificado el concepto del informe, y un autor, Thomas P. Johnson (*Chemical Engineering*, 30 de junio de 1969, núm. 76 [14]), sugirió los siguientes cambios:

1. Se elimina el "Resumen"; en su lugar se expresan "Conclusiones y recomendaciones".

2. La sección "Introducción", que consiste en material compuesto de antecedentes y detalles históricos, queda eliminada. Este material reaparecerá en otros lugares de la nueva estructura del informe, pero no como un solo bloque.

3. Se elimina la sección "Análisis" y se sustituye por explicaciones pormenorizadas de las conclusiones y recomendaciones que aparecen en forma de "Puntos significativos del informe".

El señor Johnson sugiere que se estructure el informe exactamente al revés de como se han recopilado los datos.

La ventaja de este modo de enfocar el informe es que se evita al lector todo el trabajo de la investigación que ha efectuado el redactor, y sólo se le dan los hechos y observaciones que tienen pertinencia.

Ventajas de este nuevo concepto

1. El lector se entera inmediatamente de lo que desea saber; si no dispone de tiempo para leer el informe desde el principio hasta el fin, las conclusiones y recomendaciones le dicen de buenas a primeras lo que necesita saber. O sea, que va derecho "al grano".

2. Para el redactor, esta presentación es ventajosa ya que le permite expresar sus puntos de vista de tal manera que el lector se entere de ellos al instante; al

134

leer el informe sabrá los cómo y los porqué de estos puntos de vista y tendrá que tomarlos en cuenta.

3. El informe es más fácil de escribir cuando se han expresado claramente las conclusiones al principio. El resto del informe será simplemente una ampliación de las conclusiones y recomendaciones, sobre las cuales podrá explayarse más abundantemente el redactor.

Estos lineamientos presentan una ventaja muy grande: el lector que no se entera del punto de vista del redactor, antes de llegar a las conclusiones y recomendaciones, puede llegar al final del informe con unas conclusiones totalmente distintas de las que sacó el redactor.

Cómo iniciar el trabajo previo al informe

Estudiar los informes anteriores de la compañía. Ese estudio proporciona al redactor las respuestas a preguntas tales como: ¿Qué encabezamientos debe llevar? ¿Deberán incluirse las conclusiones y recomendaciones como secciones separadas? ¿Cuántos *qués* y *porqués* había en los informes anteriores?

Plan del informe

1. Explicación detallada del objetivo del informe, junto con una explicación de la conclusión más importante. Como respaldo, el material de "ventajas y limitaciones" se introducirá junto con material fundamental introductorio que se relacione directamente con el objetivo y la conclusión.

2. Ampliación detallada de la segunda conclusión. También esta parte del informe debe apoyarse en ventajas, limitaciones, material fundamental y similares.

135

3. En esta tercera parte deben incluirse todos los detalles que permitirán modificar la situación estudiada.

Recomendación importante

Al eliminar la sección introductoria convencional (aburrida y llena de generalidades) que aparece en la mayoría de los informes tradicionales, el redactor desglosa su contenido en múltiples fragmentos, cada uno de los cuales se incluye en la parte del informe donde resulte más eficaz (más "impactante").

Destacar las ideas principales; subordinar a éstas las definiciones, datos históricos, generalidades, etcétera, que no deben servir para opacar aquéllas sino para realzarlas.

Hay que mantener en primer lugar, en la mente del lector, lo *nuevo* del informe (sus conclusiones y recomendaciones) sin por eso eliminar lo *viejo*, que sólo servirá para reforzar lo nuevo sin anteponerse a ello ni dominarlo.

Puntos esenciales del informe

Título del informe: Actividades del departamento cultural 1er. trimestre de 2001.

Objetivo del informe: Comprobar si el programa se ha llevado a cabo como se había previsto en el proyecto aprobado a fines de 2000.

Conclusiones y recomendaciones:

1. Se han desarrollado durante este primer trimestre las actividades correspondientes a los dos primeros meses del año. Faltaron de llevarse a cabo las dos conferencias sobre control de la natalidad y el concierto de música barroca, previstos para el mes de marzo.

2. Pueden incluirse esas tres actividades en el segundo trimestre en caso de que la orquesta esté disponible; el profesor X... deberá ser consultado en cuanto a la fecha de sus dos conferencias.

3. Para que el segundo trimestre no resulte demasiado cargado de actividades, convendría reportar al mes de agosto una de las actividades previstas para el 2do. trimestre, y otra al mes de septiembre.

4. El incremento que estas demoras causarán al presupuesto representa 8.3% del presupuesto para todo el año, como se explica en la sección 7 del informe.

5. Las demoras que han impedido cumplir el programa se deben al repetido ausentismo de los dos vocales encargados de organizar las actividades de este trimestre, como se explica —con pruebas para confirmarlo— en la sección 8 del informe.

6. Una manera eficaz de compensar la indebida carga al presupuesto sería organizar un baile con rifa el 15 de septiembre en los locales del Centro. La proposición correspondiente junto con el presupuesto calculado se encuentra en la sección 9 del informe.

Ventajas:

Para diciembre de 2001 se habrá cumplido la totalidad del programa si no se repiten los errores señalados, y salvo casos de fuerza mayor.

Limitaciones:

1. Si la actividad de los vocales de los trimestres 2do. y 3ero. tuviera que incrementarse desproporcionadamente, la junta directiva debería nombrar uno o dos vocales más para esos periodos.

2. En vista del aumento de gastos, conviene otorgar el crédito correspondiente hasta que se regularice la situación.

En esta parte, y por párrafos numerados, el redactor explicará la investigación que ha llevado a cabo paso por paso y en el orden correspondiente, es decir, tal como la ha llevado a cabo. La presentación debe contribuir a que el lector se haga una idea muy clara del procedimiento seguido y de los lineamientos que han conducido al redactor a hacer sus recomendaciones; esto se logra mediante organización y numeración de los párrafos.

Título: Informe de la producción del taller de accesorios.
Folio: 1554
Objetivo: Establecer las causas por las cuales el taller no produce 19% como se había previsto, sino 8.9%.

Conclusiones y recomendaciones

Después de efectuar la investigación que se detalla más abajo, se ha llegado a la conclusión de que la baja productividad de este taller ha sido causada principalmente por la mala disposición de los bancos de trabajo; agregado esto a la salida del antiguo jefe que llevaba diez años en la empresa y al ascenso de un tornero al puesto vacante.

Recomendamos que se adopten los cambios expresados a continuación en cuanto a la disposición general del taller, evitando así pérdidas de tiempo de los operarios. Por otra parte, conviene asegurarse los servicios de un jefe de taller competente, ya sea llamando de nuevo al que teníamos y que salió porque la competencia le ofreció un sueldo más alto, o convocando candidatos que respondan a nuestras necesidades.

La investigación

Aquí se expresa con todo detalle, y por orden cronológico, la manera en que el investigador llevó a cabo la encuesta para reconocer las fallas del taller. Ya puede extenderse y hacerse todo lo prolijo que sea necesario; lo importante se ha dicho al principio; esta parte sólo se leerá detenidamente si no se comprende todavía bien el porqué de las conclusiones y recomendaciones. Siempre hay ejecutivos que quieren saber, hasta el último detalle, lo que sucede en los "pisos inferiores".

2. Barbarismos, extranjerismos y neologismos

Leer el libro de Etiemble ha sido una verdadera tentación, pues dice tantas cosas que, a ojos cerrados, podríamos suscribir... El título *Parlez-vous franglais?* o sea, *¿Habla usted franglés?*, resulta prometedor: es una prolongada diatriba contra los anglicismos introducidos en el francés, no sólo hablado sino escrito, durante los veinte o treinta últimos años. En realidad, la cabeza de puente de esa invasión fue constituida por el lenguaje del deporte que en su mayor parte —Etiemble considera excepciones a esta regla el alpinismo y la esgrima, ambos de vocabulario francés— llegó a Francia desde Inglaterra. Resultaba entonces muy elegante imitar a los ingleses que, en cambio, sólo encontraban su felicidad en las soleadas tierras francesas de la Costa Azul.

Pero después de la Segunda Guerra Mundial y la liberación, al principio como reacción contra la ocupación alemana, y más adelante por el frenesí de la tecnología y la economía norteamericanas, se ha llegado a imponer día tras día una cantidad inverosímil de términos ingleses, a veces empleados debidamente y, en ocasiones —en demasiadas ocasiones—, en forma extravagante.

Nuestro caso es distinto. En México todo el mundo habla algo de inglés; es el idioma de un país vecino con el que existen tantas relaciones de turismo, comerciales y demás, que se justifica su estudio como primera lengua extranjera en las escuelas. Después viene el francés, siguen el alemán, el italiano y el ruso, para quienes tengan aficiones políglotas.

Aquí, el modo de adopción de los extranjerismos es distinto: se trata de malas traducciones, especialmente en la prensa diaria; en efecto, la urgencia de publicar noticias de última hora, transmitidas por informes de agencias que redactan sus partes en inglés, no da lugar a mucho refinamiento ni consultas al diccionario. Las revistas, redactadas con mayor esmero porque disponen de un lapso mayor, revelan pocos errores; se trata aquí, evidentemente, de revistas de cierto nivel cultural.

El bilingüismo favorece en especial la contaminación semántica bajo la forma de calcas. *Innumerables anglicismos y americanismos penetran actualmente en las lenguas europeas a través de traducciones precipitadas realizadas en la prensa, la radio y la novela popular; con el tiempo, estos turistas del idioma terminan por adquirir carta de ciudadanía.*

Guiraud

El uso de términos extranjeros encajados en la conversación como los tropiezos de una paella es menos, pero muchísimo menos corriente en nuestro medio, y en ello quiero ver el éxito de la personalidad de la clase media mexicana. El pueblo, por lo general, y con eso quiero decir la clase trabajadora, obrera y campesina, no es *snob*. ¡Ya lo hice! También yo he empleado un extranjerismo... Pero que se me permita defenderme: el no disponer de término adecuado para expresar lo que "snob" significa en inglés, lo considero motivo de orgullo, y por la siguiente razón: dicen que cada pueblo hace su idioma y revela la idiosincrasia de aquél. ¿No es maravilloso que nuestros pueblos, el español y el de Iberoamérica, carezcan de ese horrible defecto que es el "snobismo" hasta el punto de que no dispongamos de una palabra con la cual expre-

141

sarlo en español? Ya sé que estoy exagerando y que también hay *snobs* entre nosotros, y en todas las clases sociales. Para ellos se escriben las *poliglóticas* páginas de Sociales en los diarios, con abundante introducción de palabras francesas e inglesas con ortografía altamente deficiente, a *la diable*, como dirían en París. Las columnas de Sociales, pletóricas de extranjerismos —y aquí sí deberíamos decir barbarismos, puesto que además de mal escritos suelen estar mal empleados— presentan un doble inconveniente: *1)* a quienes conocen los idiomas en ellas mutilados les causan dolores de cabeza, ya que no se puede evitar el esfuerzo de corregir errores ortográficos ni empleos equivocados ni errores de interpretación de las palabras citadas con tanto desparpajo; *2)* a quienes no conocen los idiomas de los que se toma prestado, se les perjudica enseñándoles indebidamente palabras que ignoraban y que de ahora en adelante emplearán y escribirán con mayor candidez, fiándose del "señor del diario"; si por casualidad esos inocentes son estudiantes, adoptarán para siempre la mala ortografía, la mala interpretación, y causarán la desesperación de sus maestros al ver que los alumnos, en vez de aprender, cada día caminan hacia atrás, empeorando en vez de mejorar.

El daño es mucho menos grave para la gente que no lee esas páginas de sociales, pero que no por eso dejará de estar expuesta a malos ejemplos... idiomáticos, como demostraré a continuación. Veamos los programas de televisión: los doblajes de películas extranjeras suelen tomar en cuenta los movimientos de la boca del artista que habla, y entonces se alargan o se acortan las frases españolas correspondientes al original para que ese movimiento no resulte demasiado diferente de lo que se oye; el resultado suele ser una expresión incorrecta en nuestro idioma (por ejemplo: "espero por ti" en vez de "te espero").

¿Y qué diremos de la publicidad? Pocos de nuestros anuncios son originales, y son muchísimos los que proceden de la televisión norteamericana. La traducción de esos anuncios no es libre... es libertina. Francamente, se dice cada cosa que se le quitan a uno las ganas de comprar o consumir lo anunciado, por poca sensibilidad lingüística que tenga.

Pues bien, en este caso, lo de menos es el efecto que el anuncio cause en el consumidor; lo de más es que la repetición de términos y frases incorrectas acabará por imponerlos, los introducirá en el habla corriente de la gente cuyo contacto con el mundo, cuyo modelo ideal está representado por lo que ve en la televisión.

En esa gente es en quien pienso al decir: Lo que dicen los señores de la radio, la televisión y el periódico no siempre es lo más correcto. Usted, que quiere perfeccionarse mediante la imitación de modelos que le parecen dignos de emulación, vea cómo puede sobreponerse a las incorrecciones del lenguaje de esos modelos y superarlas, atendiendo las indicaciones que aparecen más adelante.

Traductor traidor es una expresión sacada del italiano: *traduttore traditore.* Y por desgracia, así es en muchas ocasiones. Es traidor el traductor que altera la idea del autor, el que transforma el sentido de un texto, el que deforma y desvirtúa; no lo es quien confunde una palabra. En efecto, confundir una palabra es cosa insignificante, pues se sabe que detrás del traductor viene un corrector que revisará cuidadosamente el texto del primero; cuidadosa o desastrosamente, todo depende también del corrector que, a veces, representa al verdadero traidor. En todo caso, el corrector no se encuentra bajo la influencia abrumadora del texto en lengua original, y a simple vista puede reconocer las faltas cometidas por el traductor. Definitivamente: el corrector tiene la última palabra, aun cuando sea el nombre del traductor el que aparezca en el libro (y no siempre, pues a veces se le niega ese honor) con la responsabilidad que ello entraña.

Voy a permitirme un comentario sobre una novela traducida en Buenos Aires: *Papillon.* Para entender la incomprensible mitad de esta traducción, hay que saber francés y haber vivido en Argentina, pues son tantos los galicismos, los modismos, los equívocos y las confusiones, que resulta un galimatías; no acabamos de entender si el público le ha otorgado el éxito por lo morboso del tema o por lo enigmático de la expresión en español.

No estoy hablando con mala intención; veamos esto: "Se siente bien la fuga" aparece en un momento de la novela. Hombre, qué bueno está eso y cómo me alegro de que la señora fuga se sienta bien, pero ignoraba que se hubiera sentido mal anteriormente. Lo que diría el autor en francés es, indudablemente: "*Ça sent bon la fuite*" (O quizá *belle*, en argot de presidiario), lo cual corresponde a: "¡Qué rico huele a fuga!" o "afufa" en caló. Es decir, que todo parece propicio para la fuga dentro de muy poco. Encontramos también como expresión "el ambiente", sin duda en francés *le milieu*, para referirse al *hampa*, y esto aparece en todas las páginas del libro, así como la palabra *macró*, o sea, el *maquereau* con pronunciación fonética, para hablar de chulos o rufianes. El lector que no habla francés ha tenido que sentirse algo incómodo, y he comprobado que así es porque me lo han confesado muchas personas. Y los modismos argentinos se agregan a este acervo de galicismos injustificados.

Otra traducción que resultó infame fue, en México esta vez, *Contacto en Francia*. Además de lo pesado que resulta generalmente el relato de una investigación policiaca día tras día, hora tras hora, el lenguaje no facilitó nada la tarea del lector. En una ocasión, ni a traducción llegó: aparecía en el texto, así, en inglés: *again*, y ésta es una acusación directa al corrector.

Es ya costumbre arraigada echar en cara a los traductores la mala calidad de sus traducciones, pero, ¿cuánto les pagan por ellas? Cuando tropezamos con una traducción desastrosa, hay que pensar: "el traductor ha sido malpagado", o "como un traductor profesional se ha negado

144

a trabajar a tan bajo precio, le han confiado la traducción a algún aficionado". Aun cuando sigue en pie el hecho de que los correctores deben ser buenos para suplir las carencias de los traductores, ya se deban éstas a una u otra causa. Sea como fuere, quien traduzca en español no debe perder de vista tres puntos primordiales: que que debe conocer el idioma original para poderlo traducir; debe conocer bien el español para que su traducción sea comprensible; y finalmente, que debe evitar los modismos locales, de modo que su libro pueda ser leído en cualesquiera de los países de la comunidad hispanohablante, o sea, una comunidad compuesta de trescientos millones de personas.

ANGLICISMOS FRECUENTES Y CÓMO EVITARLOS

Si recordamos un poco la historia de Inglaterra sabemos que en ese país floreció primero la cultura de Wessex (hacia el año 1400 antes de la era vulgar), que durante la Edad de Hierro hubo migraciones celtas, que César y sus romanos lo conquistaron, lo ocuparon para abandonarlo después dejándolo nuevamente en el poder de los celtas; el país fue víctima de ataques de pueblos hermanos; anglos, sajones y jutos, favorecidos por las continuas rivalidades de las tribus británicas, consiguieron establecerse en el este de la isla; hubo invasores vikingos y daneses; en 1066 Guillermo el Conquistador, duque de Normandía (Francia), se apoderó del país con sus normandos de habla francesa.

No extrañará, pues, que frecuentemente se disponga en inglés de dos palabras distintas para una misma cosa, siendo una de ellas de origen germánico y la otra de origen latino. Eso les dificulta bastante la tarea a los traductores que han de interpretar a menudo con una sola palabra española dos palabras inglesas: *force* y *strength* nos

145

dan *fuerza*; *limb* y *member*, *miembro*; *projectile* y *missile*, *proyectil*, y tantísimas más...

Por otra parte, el inglés presenta, respecto al español (y también al francés), la enorme ventaja que comparte con el alemán: la facilidad de empalmar dos o tres palabras para formar otra nueva: adjetivo, sustantivo o verbo, de acuerdo con las necesidades de sus hablantes. Cuando nosotros inventamos, si el invento era necesario y resulta genial, los que nos rodean lo adoptarán al instante; en ocasiones, aun cuando no sea genial y resulte redundante.

Una psicóloga me dijo que *stress* (palabra inglesa) no significa lo mismo que *tensión* (su traducción en el diccionario); de manera que, en traducciones de psicología, emplearemos con frecuencia y aunque de mala gana, la palabra *estrés* para indicar esa tensión tan especial.

AFLUENTE

Las personas *afluentes*... por: las personas *adineradas*, *ricas*, *acaudaladas*...

En español, *afluente*; que afluye, o sea, que acude en abundancia, en gran número o concurre en gran número a un lugar o sitio determinado.

En inglés: *affluent*: afluente, tributario, copioso. Acepción *b*: que tiene abundancia de bienes, rico, acaudalado.

AGENCIA *por* INSTITUCIÓN o DEPENDENCIA

En todos los textos norteamericanos que tratan de dependencias del gobierno se dice: *agency*; de ahí que, automáticamente, se traduzca por agencia. Sin embargo, lo correcto será en algunos casos *dependencia* y en otros *institución*.

146

AGRESIVO

Al parecer, un ejecutivo joven debe ser *agresivo*... Pues bien, en español la agresividad no es virtud sino grave defecto.

No así en inglés, idioma en que lo usan para calificar a una persona con *dinamismo, iniciativa o energía vigorosa*.

Digamos que el ejecutivo joven debe ser: persona *enérgica, dinámica, llena de iniciativa y entusiasmo*.

AUDIENCIA

"El conferenciante tuvo mucha audiencia..."

Audience, en inglés, significa audiencia tratándose de un juicio o de conceder una audiencia a quien lo haya solicitado.

Pero el conferenciante tuvo un *auditorio* numeroso... o sea, que hubo mucha gente escuchando su conferencia. En estos casos, *audience* debe traducirse por *auditorio*.

AZÚCAR GLAS

La palabra azúcar puede ser empleada como femenina o masculina, es lo que se llama de género ambiguo. Pero, ¿qué es azúcar glas? Todas las amas de casa lo saben: así la piden en la tienda. Pues bien, es azúcar en polvo. Entonces, ¿qué es el azúcar corriente? Sencillamente, azúcar cristalizada.

BAJO *esas condiciones,* BAJO *esas circunstancias*

(Véase *Preposicionitis*.) Viene directamente de una traducción de: *under these conditions, under these circumstances*.

147

Los BISTESES *están carísimos*

Y los barbarismos están regalados... pero deberían imponerles una multa, y los *bisteses* resultarían más caros aún.

La palabra *beefsteak*, o sea, "tajada de carne de res", se ha barbarizado. Decimos un bisté, entonces, ¿por qué bisteses?

Un café, dos cafés, tres cafés... Un arnés, dos arneses, sí.

Pero... aunque no me explico por qué lo dicen mal, está mal dicho. Sin duda por la misma razón dicen los *teses* y los *cafeses*... ¡horror!

BURMA... BAVARIA

En vano buscaríamos estos países en un atlas escrito en español, un atlas en que Oeste se indique con *O* y no con *W*, claro está.

Burma, es en realidad *Birmania*, país del sureste de Asia.

Bavaria debe decirse *Baviera* y es un estado del sureste de Alemania.

Se le han hecho CARGOS

Cargo es acción de *cargar*. Y también: "12. *Fig.* Falta que se le imputa a uno en su comportamiento".

Evidentemente, cuando se acusa a alguien de haber cometido un delito, se le está imputando una falta en su comportamiento.

Pero, puesto que disponemos de la palabra *acusación*: acción de acusar.

Acusar: imputar a uno algún delito, culpa, vicio o cualquier cosa vituperable.

Es mucho más apropiado decir:

"Ha sido *acusado*", "Se han hecho *acusaciones* en su contra".

COMPETITIVIDAD

Si el adjetivo es *competitivo*, pues el sustantivo: *competitividad*. Ay "titi". ¡Qué feo es! ¿No habría sido mejor adoptar el sustantivo "competividad" (aunque ya no se parezca tanto al inglés: *competitiveness*)? Tenemos *competencia* y *competición*... sin "titi".

CONCRETAR

A menudo leemos "concretizar" y es un barbarismo; copia del inglés o del francés. ¿Y cuál es el sustantivo correspondiente? *Concreción* es un término médico-científico. Sugiero usar *concretación*, neologismo que acabará por ser aceptado a fuerza de uso.

CONDICIÓN

La CONDICIÓN *del enfermo es alarmante.*
Una de las acepciones de la palabra inglesa *condition* corresponde, en el español, al "estado en el que se está".
Condición, en cambio, tiene muchas acepciones, en gran parte forenses, pero ninguna se refiere a la salud física. En cambio:
Estado: situación en que está una persona o cosa, y en especial cada uno de los sucesivos modos de ser una persona o cosa sujeta a cambios que influyen en su condición.
Diremos: "En su *condición* de enfermo, no podía salir del hospital"; y también: "El *estado* del enfermo no permitía al médico mostrarse optimista".
Pero la condición del enfermo para significar *estado* es un anglicismo. Se debe decir: "El *estado* del enfermo es alarmante".

Consecuentemente

Este adverbio suele emplearse para traducir *consequently*, y debería decirse *por consiguiente, en consecuencia*. A veces las consecuencias son totalmente inconsecuentes...
Por consiguiente.

Controversial

Esta palabra no existe en español; es un palabra inglesa que significa *controvertible*, o sea, que se presta a controversia.

Copia, ejemplar

He tenido entre manos una *copia* del periódico...
¿Y quién habrá tenido la paciencia de copiar todo un periódico?
¿Con suplementos, anuncios y todo?
En realidad, esto es un anglicismo. En efecto, para decir un *ejemplar* de libro o de periódico, en inglés se dice *copy*. La traducción sería muy fácil si bastara adoptar las palabras más parecidas.

Checar

"Hay que *checar* toda la lista..."
Pero es más correcto decir que se *revise, examine, compruebe*... Desde luego, el verbo *checar* no aparece en el diccionario, y no necesitamos inventarlo.

Desbalancear

Anglicismo. *Balance*, en inglés, significa "equilibrio". Lo correcto será *desequilibrar*.

DISTURBADOR

Traducción de *disturbing*, pero traducción libertina. Lo correcto será: *inquietante* o *perturbador*.

DRAMÁTICO

"Un maquillaje *dramático*", "Un vestido *dramático*". Esto se puede leer en la página de anuncios de alguna que otra revista femenina. Tampoco responde a su significado en español. Para nosotros, eso huele a crimen, a drama y no al deseo de llamar la atención. Más correctamente, traduciremos: Un maquillaje *espectacular*. Un vestido *llamativo*.

Espero POR *ti*

Espero *a* que venga Juan. Espero mucho *de* ti. Espero *en* Dios.

Este es uno de los defectos de las traducciones en que se busca respetar en lo posible el movimiento de la boca de los actores cuya voz es doblada al español (también *doblar* es neologismo): *I wait for you*, ese *for* da a la boca la misma forma que nuestro *por*.

Resulta imposible hablar correctamente si se quiere dar a la boca el movimiento de un idioma extranjero. Ahora bien, en una gramática he leído "*esperar* por alguno", pero es sólo un ejemplo no confirmado por los demás autores de consulta.

EFICAZ... EFECTIVO... EFICIENTE

¡Menudo lío tenemos aquí! Los tres adjetivos que anteceden suelen emplearse sin discriminación alguna, sin respeto por su significado, al azar, a la buena de Dios... ¡ándele!

151

Effective: que produce efecto decidido, decisivo o deseado.

Sinónimos: *effectual, efficient, efficacious. Effective* insiste más en la producción real de un efecto cuando se usa o se cumple. *Effectual* sugiere el logro decisivo de un resultado o el cumplimiento de una intención. *Efficient* sugiere que se ha demostrado tener la fuerza necesaria para producir resultados, especialmente el máximo resultado con el menor esfuerzo. *Efficacious* significa la posesión de una cualidad o virtud que proporciona fuerza efectiva.

¿Y en español? Porque esto es lo que nos interesa.

Efectivo: real y verdadero, en oposición a lo quimérico, dudoso o nominal. (Esa pasta dental *efectiva* se limita, pues, a existir.)

Eficaz: activo, fervoroso, poderoso para obrar. Que logra hacer efectivo un intento o propósito.

Eficiente: que tiene eficiencia, la cual es virtud y facultad para lograr un efecto determinado.

Dicho lo cual, podemos emplear *eficaz* y *eficiente*, el uno por el otro; mas no así *efectivo*, que no trata de causar efecto sino que indica la existencia real de algo.

Actualmente, estamos usando preferentemente "eficaz" para las cosas y "eficiente" para las personas (Véase "Adjetivos".)

Viaje usted por la carretera ESCÉNICA

Aquí, la palabra escénica está directamente sacada del inglés *scenic:* escénico. *2.* Pintoresco... pero también se usa en español cuando corresponde decir panorámico.

Esa carretera es *panorámica,* pues en español, el adjetivo escénico significa "perteneciente o relativo a la escena: palco escénico", y corresponde al vocabulario teatral.

Esto se producirá EVENTUALMENTE

Con demasiada frecuencia se traduce de este modo el adverbio inglés *eventually*, que significa final o definitivamente, algo que se producirá más adelante, en un tiempo indeterminado.

En cambio, en español, el adverbio *eventualmente* significa incierta o casualmente... "Esto acabará por *producirse*". "Esto se *producirá* finalmente".

Un hombre de MEDIANA *edad*

Traduce literalmente *a middle aged man*, en cuanto a lo que sea la edad *mediana*... o la edad *media*, que para el caso resulta incorrecto como lo anterior, quién sabe.

Un hombre MADURO

Tal es la expresión verdadera, pero el encabezado incorrecto está cobrando mayor fuerza de día en día, y no sólo en traducciones.

Esa joven FOTOGRAFÍA *bien*

Al leer lo que antecede pensamos que es una buena fotógrafa, pero nos equivocamos: quieren decirnos que es... *fotogénica*.

¡Ah, FUCHI!

Ni usted ni yo lo sabíamos, pero es un anglicismo. Lo descubrí por pura casualidad en el diccionario de slang: en inglés es *Oh, fudge!* La pronunciación es casi la misma. Me pregunto quién lo habrá importado y cómo hizo para no declararlo en la aduana.

De grado en grado o por grados. En muchas ocasiones, la traducción de *gradually* (inglés) será coherente con el texto. En muchas oportunidades, sin embargo, conviene traducir esa palabra por *progresivamente*. "El calor subía *gradualmente*". "Llegaremos *progresivamente* a hablar con..."

HACER *decisiones*

Una traducción literal de *to make decisions*, que en español, sin embargo, debe interpretarse así: *tomar decisiones*.

Esta mala traducción equivale a decir: *tomar un paseo* en vez de *dar un paseo*, sólo porque en inglés se dice *to take a walk*.

IMPLEMENTAR *un nuevo sistema*

Palabreja de nuevo cuño, sacada del verbo inglés *to implement*.

To implement: llevar a cabo; cumplir; llevar a efecto práctico y asegurar el cumplimiento real mediante medidas concretas.

Implantar: establecer y poner en ejecución doctrinas nuevas, instituciones, prácticas o costumbres.

Yo abogo por "*implantar* un sistema" y porque se borre de mentes y escritos el barbarismo *implementar*.

Y si se cree que algo falta a la idea, podríamos decir: *instrumentar* que es un término hasta hace poco dedicado a la música y la composición, pero que se está usando más libremente en otros contextos.

MONITOREAR

En efecto, es una palabra inglesa. Los franceses tienen también *moniteur*, procedente del latín. En francés, se trata de la persona que enseña ejercicio físico. En inglés: *3.* observar, cotejar... *4.* seguir, regular y controlar. Y en español: *monitor.* El que amonesta o avisa.

Como en estos tres idiomas las palabras provienen del latín *monere*: advertir, podríamos usar o fabricar un término menos horrendo: cuidar, vigilar, servir de guía, orientar, según el caso.

Pero *monitorear*, por mucho que quieran imponerla, seguirá siendo una palabra intrusa.

Sólo su fea pronunciación nos salva de oírla con demasiada frecuencia.

OPTIMIZAR

La palabra correcta en español es *optimar*, y el sustantivo: *optimación*. De acuerdo con mejorar abreviando, pero alargar indebidamente sólo puede empeorar la expresión.

Representó una PARTE *en esa comedia*

Eso significa que desempeñó o representó un papel. También dicen a veces "actuó su parte..." y leemos: "jugó su *papel*". Para "*jugar* un papel", véase *jugar* en Galicismos. Esto es gravísimo.

Se desempeña un *papel;* se representa un *papel;* se interpreta un *papel.* No una *parte.* En inglés *part* significa papel, en el vocabulario teatral.

PREDADOR

Con frecuencia, en la televisión, se oye hablar de "animales predadores" (o *predatores*). Aun cuando *predatorio* (propio del que roba o saquea) es un adjetivo español, y el verbo *predar*, indicando la acción de robar, saquear, etcétera, es normal, la palabra *depredador* es la que conviene usar como traducción del *predator* inglés.

PRERREQUISITO

Traducción del inglés *prerequisite*, traducción inventada, improvisada e incorrecta. En español se dice: *requisito previo*. Además, algunas palabras más se están fabricando según este modelo. Tal vez acabe por imponerse este tipo de fabricación acelerada de términos abreviados.

PRESERVAR

Suele emplearse en vez de *conservar*. Es cierto que en inglés el verbo *to preserve* significa: mantener a salvo de daño, lesión o destrucción; proteger; *b)* mantener; 3a) salvar o cuidar contra la descomposición; 3b) enlatar o preparar en forma similar para uso ulterior. Otra acepción: reservar.

En español, preservar es poner a cubierto *anticipadamente* a una persona o cosa de algún daño o peligro.

Los primeros DOS MESES *de su mandato...*

¿Por qué no "los dos primeros meses"? Es cierto que en inglés se dice *the first two*, pero nosotros acostumbramos decir por ejemplo:
"Que pasen los dos primeros..."

156

¿Entonces? No hay que afear el idioma sólo por imitar lo que se dice en otro; en inglés es correcto y normal. En español, choca.

Si le gusta la PRIVACÍA...

También: en la *privacía* de sus apartamentos...
Es una mala traducción, un barbarismo; lo que quiere decir es *intimidad*.
"En la *intimidad* de su hogar", "Si a usted le gusta la *intimidad*."
Y, en este último caso, tal vez se trate de preservar, proteger su *intimidad*.
Hay tanta inseguridad en cuanto a la traducción de *privacy* que algunas personas dicen: "privacidad".

Hay buenos PROSPECTOS

Esta palabra pertenece a la jerga de los vendedores, que llaman prospecto a un posible cliente. Por extensión, se usa para decir si hay perspectivas de algo o no.
El diccionario EDAF traduce *prospecto*: *4.* cliente o comprador probable.
En español, el DRAcademia dice: *prospecto*: exposición o anuncio breve que se hace al público sobre una obra, escrito, espectáculo, mercancía, etcétera.

Los REQUERIMIENTOS *necesarios...*

Se suele traducir *requeriment* por *requerimiento*, literalmente, cuando debería decirse *requisito*: circunstancia o condición necesaria para una cosa.
En cambio, requerimiento es la acción y efecto de requerir.

157

Requerir: intimar, avisar o hacer saber una cosa con autoridad pública.

Eso no tiene RELEVANCIA *alguna en este asunto*

Relevancia significa: calidad o condición de relevante, importancia, significación.

Relevante, adjetivo: sobresaliente, excelente. Cuando se traduce la palabra inglesa *relevant*, convendría decir algo equivalente a su definición inglesa: a propósito, aplicable, bastante, suficiente. Tal vez sea apropiado traducir por *pertinente* o por *congruente*. Pero si se trata de un personaje, aunque puede calificársele de *relevante*, hay muchos sinónimos más usuales: eximio, excelente, superior, sobresaliente... Y decir que "no tiene relevancia" será: *no viene al caso o no es importante*.

REMUEVA *salvavidas*

Eso leí en el asiento delantero cuando, en mi primer viaje en avión, trataba de estar bien informada y de no asustarme.

Remover: Pasar o mudar una cosa de un lugar a otro. 2. Quitar, apartar u obviar un inconveniente. 3. Conmover, alterar o resolver alguna cosa o asunto. 4. Deponer o apartar a uno de su empleo o destino.

Lo empleamos sobre todo en su tercera acepción: como *revolver*, por ejemplo, nadando en el río: "No *remuevas* tanto el agua, que se va a levantar el cieno del fondo." Pero en el avión querían indicar que abriéndose una tapa, se podía retirar el salvavidas.

En inglés, naturalmente, decía *remove*: 5. sacar... (EDAF).

"Levante la tapa y saque el salvavidas", habría resultado mucho más claro y directo.

¿RESUMIR... o REANUDAR? ¿*O tal vez quisieron decir* REASUMIR?

Cuando en inglés dijeron *They'll resume the conversations* alguien tradujo (¡qué fácil es traducir el inglés!) "*resumirán* las pláticas". Pero no era eso; lo que decía la frase inglesa era: "*reasumirán* las pláticas" o, mejor aún: "*reanudarán* las pláticas". ¿Verdad que no es lo mismo?

El fondo mixto REVOLVENTE...

En inglés, *revolving fund*: un fondo establecido para fines específicos, que proporcione pagos tendentes a restablecer de nuevo el fondo para que pueda ser empleado otra vez.

Circulating revolving fund: fondo periódico mixto (EDAF).

Todo ello nos incita a la fabricación de una expresión bárbara, que sólo entienden los que tratan cuestiones hacendarias, pero eso de "revolvente" pasa de límite. ¿Acaso el inventor de semejante barbarismo ignoraba el adjetivo español *rotatorio*?

Rotatorio: que tiene movimiento circular, o sea, que vuelve a su punto de partida después de haber completado un círculo.

De ahí SE SIGUE...

Sí, es una traducción muy cómoda de *it follows*. Pudiera ser también traducción del francés: *il s'ensuit*. Lo que significa es: "de ahí se desprende" o "lo cual tiene por consecuencia".

SEVERO

Ha sufrido heridas SEVERAS.
También es un anglicismo, pues *severe* se traduce en la mayoría de los casos por *grave*.
Severo: *1*. Riguroso, áspero, duro en el trato o castigo. 2. Exacto, puntual y rígido en la observancia de una ley, precepto o regla. 3. Grave, serio, mesurado. Este último *grave* no implica gravedad del estado, sino una actitud circunspecta y decorosa.

SOSPECHOSO, SUSPICAZ

Había una canción titulada "Mentes *sospechosas*". ¿Sospechosas de qué?, ¿de crimen, de robo? Porque tal es el sentido de la palabra sospechoso.

El título en inglés, *Suspicious Minds*, significa simplemente: *Mentes suspicaces*.

Es frecuente el uso equivocado de la palabra *sospechoso*. Si alguien hace una pregunta suelen decirle: ¡Qué sospechoso eres!

En realidad, hay que decirle: ¡Eres muy suspicaz!

Pero si se sospecha que una persona ha cometido algún delito, diremos que esa persona es sospechosa. Llamar sospechoso a quien es suspicaz es poco más o menos como llamar ladrón a quien ha sido robado.

Su SEÑORÍA, *Su* MAJESTAD, *Su* ALTEZA

Es cierto que *your* significa *su* (de usted o de ustedes), pero ya que estamos empleando expresiones tan obsoletas, deberemos recurrir igualmente al obsoleto *vuestra*. *Su Majestad* no deja de ser una tercera persona; *Vuestra Majestad* es una segunda persona, el interlocutor, a quien se habla.

VALENCIANA

Viene de *valance*, palabra inglesa que indicaba ciertas cenefas que colgaban del baldaquino de la cama; esas cenefas se tejían en la ciudad francesa de Valence. En cuanto a *valenciana*, el *Pequeño Larousse en color* indica: Honduras: refuerzo interior o tirilla de tela con que se protegen por abajo los pantalones. Tal vez en Honduras, pero en Guatemala y México es lo que en España llaman vuelta: un doblez hacia arriba en el bajo del pantalón; cuentan que un príncipe de Gales se remangó de ese modo las perneras del pantalón, para no enlodarlas, y lanzó así la moda...

CIRCA

Palabra usada en inglés para indicar "más o menos", "alrededor" de alguna fecha. Está tomada del latín *circa*. Por ejemplo: "circa 1500" significa alrededor del año 1500, puede ser 1499 o 1501. En inglés resulta cómodo y éste es un anglicismo que deberíamos aplaudir, pero en realidad sería latinismo. Nosotros tenemos que decir: "hacia 1500" o "alrededor de 1500" o "más o menos por el año de 1500". Lo complicamos. Si adoptáramos *circa* ahorraríamos tiempo y espacio.

LOS GALICISMOS

Mucho menos abundantes que los anglicismos, deben sin embargo reconocerse y evitarse, sobre todo en las pocas

161

expresiones que vamos a enumerar a continuación. Probablemente se deba a que la influencia francesa pierde fuerza idiomática al cruzar el océano Atlántico, o que la que se dejó sentir en tiempos de Maximiliano se ha desgastado bastante, salvo en expresiones tales como *gasné*.

Pero la verdad es que así como de allende el río Grande nos vienen multitud de palabras y expresiones que casi no se hispanizan antes de pasar al uso común, de allende los Pirineos los españoles reciben, aceptan y difunden una serie de palabras francesas que no hacían falta. Tanto mexicanos como españoles, nos abandonamos con demasiada frecuencia a lo que aquí se llama malinchismo y en España afrancesamiento, sobre todo en el lenguaje. Estadounidenses y franceses tienen algunas buenas cualidades que deberíamos tomar de ellos y dejarles sus palabrejas mal adaptadas.

Absurdidad

Esta palabra, que suena a galicismo, sin embargo, no lo es, puesto que nos viene del latín. Aun cuando se emplee correctamente en los libros, choca a nuestros oídos no habituados; preferimos emplear el término "lo absurdo..."

"La *absurdidad* de las guerras...". "Lo *absurdo* de las guerras...".

Amateur

Significa en francés lo mismo que *dilettante* en italiano... en inglés suelen decir *fan* (de *fanatic*, o sea, fanático) y en español: "aficionado".

CONTESTACIÓN

Sí, eso significa más o menos "respuesta". Pues bien, en España se usa como la *contestation* del francés, o sea, "disputa, polémica, conflicto, oposición, discusión, impugnación" (canciones de protesta: *Chants de contestation*). ¿No podrían evitar ese uso inconsecuente de una palabra española?

Se ha CONSTATADO *un mejoramiento en las relaciones...*

El verbo "constatar" ya aparece en el Diccionario de la Academia, significa *comprobar*. Pues mal que me pese ya el DRA lo presenta como de origen francés: *constatar*: comprobar un hecho, establecer su veracidad, dar constancia de él. Y *constatación*: acción y efecto de constatar.

CONTROLAR

Debe decirse: *revisar, examinar, comprobar*, pero...

DETENTE

No, lector, nadie está diciendo que te detengas. Esa palabra la he leído en un periódico que trataba de cierto alivio en la tensión internacional. La palabra francesa *une détente*, significa en este caso *alivio, mejoría, desagobio* y a veces se traduce por *tranquilidad* de ánimo, contrario de tensión. Y ahora, en España lo traducen por "distensión".

Pasar DESAPERCIBIDO

Traduce literalmente la expresión francesa: *passer inaperçu*. Debe decirse: "Pasar *inadvertido*."

El chofer ENLENTECIÓ

Lo leí en una traducción y me recordó el verbo francés *ralentir* porque el chofer *reducía la velocidad* del coche y porque tal es la traducción al español de dicho verbo. Me permito incluir este barbarismo porque existe en español un verbo lentecer (y otro: *relentecer*) cuyo significado es totalmente distinto: ablandarse o reblandecerse una cosa.

Entonces, ¿cómo decirlo? El diccionario demuestra que la Real Academia, siempre preocupada por nuestra comodidad, es capaz de inventar un verbo: ahí lo tenemos:

Lentificar: imprimir lentitud a alguna operación o proceso, disminuir su velocidad.

Bueno, ¿por qué no?, si ya tenemos *cuantificar, dosificar* y *amplificar...*

ENSAMBLE

En el vocabulario de la moda, indica un conjunto de dos o tres prendas, que pueden ser: falda y saco, pantalón y saco; falda, blusa y saco; pantalón, chaleco y saco...

El Diccionario de la Real Academia dice:

Ensamble-ensambladura: acción y efecto de ensamblar.

En realidad la palabra que se usa en las páginas de la moda corresponde a una palabra francesa: *ensemble,* que, convenientemente traducida, significa *conjunto.*

164

Sobre la ESCENA *política...*

Sin duda es una mala traducción (*sur la scene politique*) del francés, o quizá del inglés: *on the scene of the crime*.

La escena, en español, significa muchas cosas relacionadas con el teatro, y con obras de teatro, o por analogía con un suceso tan espectacular que parece teatral.

El *escenario*, en cambio, es una parte del teatro y, sentido figurado, "un conjunto de circunstancias que consideran en torno de una persona o suceso".

Por lo cual es mejor traducir:

"En el *escenario* político"; "en el *escenario* del crimen."

En el HANGAR *del campo de aviación...*

Ya lo sé: todo el mundo le dice *hangar*, pero en español es *cobertizo* o *galpón*.

LÚDICO

No aparece en mis diccionarios; en francés *ludique* nos lo traducen por *lúdicro*. Pero ya se adoptó *lúdico*.

Lúdicro: relativo o perteneciente al juego.

No se confunda con el *ludricrous* (palabra inglesa) que significa irrisorio por absurdo o incongruente.

NUMEROSOS *espectadores aplaudieron*

Mucho me temo que esta traducción literal del francés *nombreux* haya obtenido ya su ciudadanía, tan grande es el número de personas que la emplean... como lo hacía yo antes de que me lo señalaran como galicismo.

Un grupo es *numeroso*, o sea que se compone de gran número de miembros. Y varios grupos son numerosos por la misma razón.

"Hubo *numerosa* asistencia."

Pero si tengo muchos amigos no podré decir que mis amigos sean *numerosos*, ya que cada uno cuenta sólo por uno.

JUGAR *un papel*

Es un verdadero problema, pues se ha dado en decir de este modo: "Representar un papel" (véase "Anglicismos") y no digamos, cuando en vez de papel dicen *rol*, del francés *rôle*.

Nos jugamos la vida, jugamos a la canasta... y nos hemos jugado un billetito de a quinientos (ése sí que es papel).

Por favor: en teatro, y a veces en la vida, *representamos* un papel, es cierto, pero no lo *jugamos*. Como tampoco *jugamos* al piano ni al violín, lo cual, para el caso, sólo sería un galo-anglicismo más.

PROVENZAL

Estilo "provenzal", muebles "provenzales..." Todo lo que no es típico mexicano se está volviendo provenzal, incluso las casas de estilo francés, es cierto, pero que se ven en las grandes ciudades francesas y que no se parecen en nada al "estilo provenzal auténtico".

Las casas de Provenza, salvo en las ciudades en que siempre se notan mucho más influencias extrañas, es decir las casas de la campiña provenzal, suelen ser casas de campo bajas, con paredes blanqueadas con cal y tejados de teja roja. Los muebles, como siempre en el campo, son muebles sólidos, sin esas finezas de tapizados y enresorta- dos que nos ofrecen bajo el apelativo de provenzal. El otro día pude comprobar el mayor barbarismo imagina- ble: comedor "normando", estilo "provenzal". Sin tomar en cuenta que Normandía está a unos mil kilómetros de Pro- venza, baste decir que los normandos son descendientes de vikingos, y los provenzales, puros mediterráneos...

Por un artículo que leí hace algún tiempo, me he ente- rado de que este uso de la palabra "provenzal" es, en reali- dad un anglicismo: proviene de una mala traducción del inglés, cuando se debería haber dicho "provinciano francés" se dijo "provenzal francés" como si hubiera otra Provenza...

En REVANCHA

La palabra revancha, considerada como galicismo, se emplea sin que muchos de quienes la oyen o la leen se- pan lo que significa.

Si decimos:

"El idioma inglés ha adoptado algunos vocablos españoles y *en revancha* el español adopta vocablos ingle- ses al por mayor", queremos decir que "como *venganza*" o "*en cambio*" o "como *desquite*". Es mejor evitarlo, pero por lo menos, cualquier duda ha quedado disipada.

Ropa y calzado SOBRE *medida*

Es lo que dicen los franceses: *sur mesure*. Pero en español, nos vestimos o nos calzamos *a la medida*.

La humanidad SE SIRVE DE *la miel*

El verbo *servir*, como reflexivo significa: "Querer o tener a bien hacer alguna cosa. Valerse de una cosa para el uso propio de ella". Esta última acepción justifica el uso de la frase de marras. Y sin embargo, no puedo evitar cierta desazón al oír esa expresión, incluso dicha por personas que hablan muy bien. Siempre me parece galicismo; indudablemente será de origen francés (no olvidemos que entre todos los monarcas que España padeció hubo también franceses y que durante varios siglos los letrados españoles fueron admiradores incondicionales de los literatos franceses). Bien podemos decir nosotros: "La humanidad *hace uso* de la miel."

El tren de mercancías y el de pasajeros se TELESCOPARON

El verbo francés *télescoper* significa *golpear con violencia,* por ejemplo, en el caso de los trenes que al chocar meten sus vagones uno dentro del otro, como las distintas secciones de un telescopio.

Desgraciadamente se han producido varios casos de accidentes y la prensa ha hecho uso de esta expresión puramente francesa.

Evidentemente, es muy gráfica; de seguir la mala racha de accidentes de ferrocarril, es posible que la palabra entre en el idioma y permanezca en él.

En España se usa con gran naturalidad.

TELEVIDENTE... TELEVISIVO... TELEVISUAL... TELESPECTADOR

Como si todavía no estuviéramos acostumbrados.

Digamos que el *televidente* es lo mismo que el *telespectador.*

El espectáculo *televisivo* será aquel que tenga buenas condiciones para ser *televisado.*

Y, todo lo que corresponda o pertenezca a la *televisión* (personal, aparatos, organización, etcétera) será... *televisual.*

Ya sé; tampoco a mí me convence mucho, pero es mejor que estemos preparados para cambiar nuestro lenguaje: la informática ha llegado con sus barbarismos, enajenantes y sus monstruos esclavizantes, en suma, con un amplio acervo de neologismos.

HABLANDO EN PLATA...

Así se indica, a veces, que lo que está a punto de decirse será claro, conciso y sin lugar para equívocos. Cuando se habla "en plata" se hace, generalmente, en español.

¡Cuántas veces empleamos maquinalmente expresiones como ésa, sin detenernos siquiera a pensar en el verdadero significado que tienen ni en qué se originan!

El origen de muchas expresiones se conoce muy bien, pues ha llegado hasta nosotros perfectamente explicado; por ejemplo, cuando alguien estornuda y se le dice ¡salud! y *gesundheit* (salud en alemán) o *à vos souhaits* en francés (que viene a ser: que se cumplan sus deseos).

En la *Ilíada* nos relata Homero esta creencia de los griegos: Estornudar, después de haber expresado un deseo, es una señal, enviada por los dioses, de que el deseo se cumplirá. De ahí que se felicite, en cierto modo, al que ha estornudado. Otros casos de frases históricas que aparecen en la conversación, la prensa y la literatura son, por ejemplo:

EL CABALLO DE TROYA: otra vez la *Ilíada*; los griegos, al no poder derrotar a los troyanos, fingieron retirarse, pero dejaron en el campo de batalla un enorme caballo de madera (que estaba lleno de guerreros griegos ocultos); los troyanos creyeron que el caballo era un tributo de admiración y lo metieron en la ciudad amurallada, dedicando después toda la noche a celebrar su victoria y a la orgía... mientras los griegos salían de su escondite y pasaban a los habitantes a cuchillo.

169

EL NUDO GORDIANO: En tiempos muy antiguos, el carro del rey Gordio de Frigia estaba sujeto por un nudo, y un oráculo había dicho que quien desatara ese nudo dominaría Asia. Alejandro Magno lo cortó con su espada.

PASAR EL RUBICÓN: era éste un río que separaba Italia de la Galia cisalpina; el senado romano le había prohibido a Julio César atravesarlo; a pesar de eso lo hizo el año 49 antes de nuestra era. Se dice pasar el Rubicón cuando se toma una decisión atrevida, valiente.

PASAR POR BAQUETAS: se dice cuando pasa uno por toda clase de penalidades, recordando la expresión el castigo antiguo en que el delincuente debía pasar entre dos hileras de personas que lo lastimaban golpeándolo. (En Norteamérica, "to run the gauntlet" era un castigo impuesto frecuentemente por los indios a los blancos prisioneros en forma similar.)

PELEAR CONTRA MOLINOS DE VIENTO: alude a la locura de Don Quijote, que creyó que eran gigantes y arremetió contra ellos... indica pelear contra quimeras.

Hay muchísimas expresiones familiares más, que el lector sin duda recordará, y cuyo sentido no es necesario explicar puesto que se usan con frecuencia. A título de ejemplos, diremos:

Tener la mosca en la oreja. Se armó la gorda. No saben a qué carta quedarse. Medirle las costillas a uno. Se subía por las paredes. Desternillarse de risa (a veces dicen equivocadamente "destornillarse"; las ternillas son unos tejidos cartilaginosos que tienen los animales vertebrados; al reír "a mandíbula batiente" se puede uno desternillar, es decir, se pueden reventar los tendones de la articulación de la quijada...). Agarrarse a un clavo ardiente. Vete a bañar. Echar una cana al aire. No me calientes la cabeza. Esto pasa de castaño a oscuro (la cosa se está poniendo muy grave, difícil o peliaguda). Lo tengo entre ceja y ceja. Está más loco que un cencerro. Hace un frío que pela. El hombre es fuego, la mujer, estopa; llega el diablo y sopla. Aquí hay gato encerrado. No dijo ni "pío". Se le subieron los humos. Quemar sus naves (recuerdo de Hernán Cortés). Sacarle a alguien las castañas del fuego. Sin decir "agua va" (sin avisar; recuerdos de cuando no había desagües y se tiraba el agua sucia por las ventanas, pero avisando previamente al transeúnte). ¿Quién le pone el cascabel al gato? Luchar a brazo partido. Cuesta un ojo de la cara. Tirar o echar la casa por la ventana. Estamos de manteles largos. Meter las narices en todo. Estirar la pata. Saber de qué pie cojea.

Y los mexicanísimos:

Mandar por un tubo. Ya me llovió en mi milpita.

Vamos a citar a Martín Alonso en tres definiciones que son:

1. MODISMO: locución popularizada, peculiar de la lengua respectiva, intraducible, inalterable y con cierto sentido metafórico. (Lo echan de menos. Habla hasta por los codos. No daré mi brazo a torcer.)
2. FRASES PROVERBIALES: [...suele] ser algún dicho famoso por el acontecimiento histórico que le dio origen: "Zamora no se tomó en una hora", "Del lobo, un pelo", "Dame pan y llámame tonto".
3. REFRANES: se trata de una figura abstracta, no referida a un caso particular. ("Obras son amores, que no buenas razones", "Más vale pájaro en mano que ciento volando", "A la ocasión la pintan calva". Y el mexicano: "Camarón que se duerme se lo lleva la corriente".)

Bona fide (latín): de buena fe.

Casus belli (latín): caso de guerra = acontecimiento que justifica una declaración de guerra.

Commedia dell'arte (italiano): comedia de fantasía; género especial de comedias en que sólo se determina el asunto, y los actores improvisan el diálogo.

Corpus delicti (latín): cuerpo del delito.

Chi lo sa? (italiano): ¿quién sabe?

De facto (latín): de hecho. Gobierno de facto: generalmente se ha impuesto por la fuerza.

De jure (latín): de derecho. Por el derecho o la voluntad popular democráticamente expresada.

De visu (latín): de vista, por haberlo visto.

Deus ex machina (latín): en teatro, indica la intervención de un ser sobrenatural que resuelve bien el desenlace; se extiende en la vida real a quien resuelve una situación problemática.

Dolce vita (italiano): designa una vida frívola y disoluta.

Eppur si muove (italiano): Galileo, al retractarse por haber proclamado que la Tierra giraba sobre sí misma, dijo en voz baja: "¡Y sin embargo, se mueve!"

Ex aequo (latín): con igual mérito: El primer alumno sacó 10, y de dos alumnos que sacan 9 de calificación se dice que, los dos, ocupan el segundo lugar, ex aequo.

Fiat lux! (latín): ¡hágase la luz!

Gesundheit: salud en alemán.

Hic et nunc (latín): aquí y ahora.

In extenso (latín): en entero.

In extremis (latín): en el último momento.

In memoriam (latín): para recuerdo.

In saecula saeculorm (latín): por los siglos de los siglos.

In vino veritas (latín): la verdad en el vino (o sea que se pierde la vergüenza pero no el conocimiento).

Inter nos (latín): entre nosotros.

MANE, THECEL, FARES: pesado, contado, dividido. Amenaza profética que una mano misteriosa trazó en la pared de la sala donde el rey Baltasar celebró su último festín cuando Ciro penetraba en Babilonia. Frecuentemente se dice "las palabras escritas en la pared", sin citarlas.

MENS SANA IN CORPORE SANO (latín): mente sana en cuerpo sano.

MODUS VIVENDI (latín): modo de vivir.

NAZDOROVNE (pronunciación) (ruso): brindis.

PER FAS ET NEFAS (latín): por lo lícito y lo ilícito; por todos los medios posibles.

PLUS ULTRA (latín): más allá.

PRO FORMA (latín): por la forma: factura proforma, que se envía antes que la mercancía, para que el comprador sepa cuánto le va a costar.

PROSIT: *a su salud* en alemán, brindis.

QUID PRO QUO (latín): una cosa por otra = error, confusión.

REQUIESCAT IN PACE (latín): descanse en paz.

SINE DIE (latín): sin fijar el día.

SKOLL: brindis en sueco.

THAT IS THE QUESTION (inglés): Hamlet, de Shakespeare, dice: "To be or not to be...", Ser o no ser, ésta es la cuestión (o la pregunta).

URBI ET ORBI (latín): a la ciudad y al universo.

VADE RETRO, SATAN! (latín): ¡retrocede, Satanás!

VALET DE CHAMBRE (francés): ayuda de cámara.

VERBI GRATIA (latín): por ejemplo.

VOX POPULI, VOX DEI (latín): voz del pueblo, voz de Dios.

LAS PALABRAS NUEVAS, ¿CUÁLES? Y ¿POR QUÉ?

La persona que se fija en estas cosas comprueba, a lo largo de todo el día, que multitud de palabras nuevas se han introducido o se están introduciendo constantemente en el idioma. Al leer el periódico, al escuchar la radio, al ver y oír un programa de televisión, el acervo léxico aumenta de una manera desbocada, a veces insensata, a veces normal, pero lo llamativo es que son muchas, muchas las palabras nuevas.

Se llama neologismo al vocablo, acepción o giro nuevo en una lengua. Es decir, que no sólo una palabra nueva es neologismo; puede serlo también la nueva acepción de una palabra vieja, si podemos calificar así las palabras.

Tomemos un ejemplo. Durante el siglo XIX surgieron cosas nuevas que a nosotros se nos antojan archiviejas... la locomotora, el telégrafo, el teléfono... y hubo que inventar palabras, así como se habían inventado las cosas, para bautizarlas.

Durante nuestro siglo XX se inventan cosas nuevas todos los días, se bautizan con palabras nuevas y apenas nos damos cuenta de ello, tan grande es la rápidez con que asimilamos la nueva creación y adoptamos el nuevo término que la designa.

Las mil palabras que se añaden anualmente (es una cifra modesta) a nuestro idioma tienen que utilizarse, por la sencilla razón de que los conceptos que representan han cobrado existencia.

Imaginemos la reacción de un personaje del siglo XVIII que fuera transportado milagrosamente a nuestro siglo, una especie de Rip Van Winkle o un viajero en el tiempo; sentado en un banco de un parque, escucha la conversación entre dos "chavos":

"Nada, que despegó el turborreactor y los pilotos de la nave nodriza se prepararon para la retrocuenta. Entonces el hombre nuclear..." "Mira, mano, me lo cuentas mañana. Ahora tengo que recoger las microfichas y los CD's en informática para programar la computadora del FOVISSTE".

Sin embargo, a nosotros eso nos parece totalmente normal, nada del otro mundo, aunque no sea nuestra especialidad. En cambio, hay muchas cosas que no nos parecen tan fáciles ni tan normales, y no por ello están menos justificadas.

Existe una serie de palabras tomadas de idiomas extranjeros —sobre todo del inglés— que se refieren a aspectos abstractos de la vida moderna; eso se debe a que los investigadores de esos ámbitos —la antropología, la psicología, la informática, etcétera— son de otras nacionalidades y, por desgracia, ni españoles ni hispanoamericanos han hecho escuela en esas materias. De modo que tan pronto como los investigadores encuentran, descubren o inventan algo, se apresuran a ponerle un nombre, casi siempre en su idioma, aunque podemos comprobar que muchas palabras nuevas han sido sacadas de las mismas raíces griegas y latinas que contribuyeron a formar nuestra propia lengua.

Por ejemplo: *visualizar*, *maximizar* y *minimizar*, que son neologismos, se fundan en raíces latinas. Microonda, microbiólogo, macrocosmos, macrobiótica, han sacado los prefijos micro y macro del griego, prefijos éstos que se están empleando en muchísimos términos más, y el resto, o sea la raíz, también en estos casos es procedente del griego. Pues bien, esas palabras se dicen en inglés prácticamente del mismo modo que en español, naturalmente con la terminación (o desinencia) inglesa. El calificativo que caracteriza al hombre *biónico* y la mujer *biónica*, tan de moda actualmente, llevan ese calificativo (o modificador) para indicar un estado de la técnica y la ciencia tan avanzado que todavía no ha llegado a ser una absoluta realidad, y sin embargo la palabra está formada por una raíz griega, BIO, que significa vida, y que es parte de una lengua muerta, que no se habla ya.

Debemos felicitarnos porque se estén aprovechando palabras muy antiguas para formar palabras nuevas y representar cosas nuevas, pues si hubiera que inventar palabras fuera de todo antecedente o precedente cada vez que se logra un nuevo invento, pobres de nuestras cabezas. Nos costaría demasiado asimilarlas y recordarlas.

¿Qué ejemplos puedo dar de palabras nuevas? Tal vez no sean tan nuevas, pero el uso que les damos suele serlo.

Hábitat, casete, damero, derrapar (atravesaron los Pirineos hasta llegar al DRA); colapsar, ejecutivo, mercadotecnia, energético (atravesaron el río Grande o el canal de la Mancha y el Cantábrico, ¿quién sabe?). Los neologismos que aparecen en el diccionario son los que disfrutan ya del beneplácito (como quien dice: la bendición) de los académicos de la lengua. Antes de que esos doctos caballeros introdujeran en su exclusivo diccionario palabras tan vulgares como *lépero* y *relajo* (entre otras), la gente se había ya cansado de usarlas, de modo que puede resultar una sorpresa para la persona que las ha usado durante toda la vida, enterarse de que son "neologismos". En la actualidad estamos empleando muchísimos neologismos acuñados por nosotros mismos (sí: tú, él, yo, nosotros, ellos) que por ahora se consideran poco menos que intrusos pero que dentro de unos cuantos años aparecerán en el diccionario, pues habrán ganado su derecho a ocupar un lugar en él, como quien dice, por mayoría de votos.

Ahora bien, ¡si supiera usted cuántas palabras que aparecen en el diccionario nunca se emplean!, por lo menos ni las empleo yo ni se las oigo emplear a los demás. La palabra *becado* y *becario* son frecuentes para indicar a quien recibe una beca, pero ¿sabía usted que quien la otorga o la sufraga se llama *becante*? Solemos llamar zambo al que tiene las piernas arqueadas formando una O, pero ése es el patiestevado; el patizambo es el que tiene juntas las rodillas y las piernas más bien en forma de equis, así: X.

Hay palabras extranjeras que nos inducirían a desconocer nuestro propio idioma: en francés y en inglés, La Habana se escribe con V, o sea La Havane y Havana; estibador, en inglés se dice *stevedore*, con V; por eso las

176

personas que hablan dos idiomas o más tienen que cuidarse especialmente, pues existe el peligro de emplear en español una palabra similar a otra del francés o inglés, pero que en estos otros idiomas sin duda significará algo distinto. Es lo que está pasando actualmente con irrelevante, irrelevancia.

IRRELEVANTE: carece de importancia o significación, suele emplearse con el sentido del inglés:
IRRELEVANT: que no viene al caso.

Aquí la diferencia no es demasiado descabellada, pero se trata de un matiz del idioma que conviene no pasar por alto.

Por otra parte, a cada instante empleamos palabras que, sin ser nuevas, han estado cobrando popularidad. Aparecen en los diccionarios, pero nos hemos acostumbrado tanto a oírlas y pronunciarlas, que su significado se nos antoja evidente... mientras a nadie se le ocurra pedirnos una definición exacta; por ejemplo, *ámbito, polución, contaminación, carisma...*

Finalmente hay palabras de "fabricación casera". Sí, todos inventamos palabras y, por desgracia, se entienden perfectamente, incluso llegan a formar parte del léxico general y, a fuerza de usarse, se introducen en los diccionarios: achicopalado, arrenchincholado, güiri güiri, cháchara, changarro...Y guácala, desconchinflar, titipuchal, pañalear...

Voy a dar sólo tres ejemplos de palabras de uso corriente en México que no habían sido aún incluidas en el DRA, pero que ya aparecen en MA, como sigue:

IMPARTICIÓN: reparto, distribución, concesión.
CLARIDOSO. Méx. Dícese de la persona que acostumbra decir claridades o verdades amargas.
AMACIZAR. Méx. *Fig.* Arreciar, fortalecer, intensificar la acción.

Cuidado...

Esas explicaciones no pretenden fomentar la fabricación al por mayor de vocablos con los que cuente el lector para usarlos como trampolín y pasar a la historia: en efecto, ésta discrimina a los creadores de ese tipo de invento; y casi nunca los menciona para nada, pues sólo lo hace cuando se trata de un escritor tan grande que todas sus ocurrencias merecen ser citadas.

Vamos a presentar a continuación una lista de palabras nuevas. Las vamos a reunir todas por orden alfabético, aunque proceden de fuentes distintas. Incluiremos algunas palabras que están en el suplemento de la XIX edición del DRA y, junto con ellas, palabras que han sido publicadas a raíz de los trabajos de dicha Academia, para ser incluidas en la XX edición (aquí las hemos tomado del boletín Proyección de la UNESCO).

Evidentemente no estamos dando todos los neologismos adoptados; hemos hecho una selección tomando en cuenta lo que se usa aquí y ahora, así como algunos tecnicismos que pueden ser útiles al lector que no los haya encontrado en diccionarios de hace varios años, y ex barbarismos que tampoco se encuentran aún en diccionarios algo "pasados de moda".

Por ejemplo, al leer el periódico se encuentran expresiones como éstas en las diversas secciones:

Política: *desviacionista.*
Economía: *oligopsonio.*
Física: *electrostricción.*

y se busca en el diccionario lo que significa, cuando no se sabe exactamente. Pero el diccionario todavía no lo ha incluido, de modo que la duda es: el periódico está inventando palabras o mi diccionario está incompleto.

A eso se debe que creemos pueda ser útil al lector la selección que aparece más adelante.

No cabe duda, hasta en nuestra vida cotidiana hemos modernizado nuestra forma de expresión. Antes se solía oír a alguien: "Siempre me despierto a la misma hora." Hoy, se dice: "Estoy programado para despertarme a las siete." ¿Programado? Sí: como una computadora.

Antes se hablaba de un caricaturista, del dibujante que hacía la caricatura de éste o aquél en el periódico; hoy se habla de *cartonistas*. Antes se decía: *caricaturas*, después *tiras cómicas*; hoy: el *comic*, pronunciando el acento en la o.

Total, que debemos estar preparados para estudiar, día a día, cada una de las palabras nuevas o de las acepciones nuevas que surjan... y así, hasta que en el periódico del día de la misma manera que nos informan de las cotizaciones en bolsa, nos pasen una lista de las expresiones creadas entre ayer y hoy. ¿Que exagero? Ya veremos de aquí a diez años quién tenía razón.

Hemos dicho ya que una nueva acepción también es un neologismo; por eso en muchas palabras se encontrarán puntos suspensivos y... / además de un número. Eso significa que la palabra ya se encontraba en el diccionario, pero que la acepción que hemos citado es nueva o ha sido enmendada.

Se encontrarán las siguientes abreviaturas:

acep.: acepción	Col.: Colombia	Filos.: filosofía
Acúst.: acústica	Com.: comercio	Fisiol.:fisiología
adj.: adjetivo	com.: común	Fís.: física
adv.: adverbio	Comunic.: comunica-	Fon.: fonética, fono-
amb.: ambiguo	ción	logía
Amér.: América	com.: común de dos	For.: forense
amer.: americano	dim.: diminutivo	fr.: frase, francés
Anat.: anatomía	Econ.: economía	Geol.: geología
ant.: antiguo, anticua-	Estad.: estadística	Geom.: geometría
do, antiguamente	Etnol.: etnología	it.: italiano
Argent.: Argentina	f.: femenino, nombre	interj.: interjección
Aviac.: aviación	femenino	intr.: verbo intransitivo
Biol.: biología	fam.: familiar	irreg.: irregular
Bot.: botánica	fig.: figurado	lat.: latín

loc. adv.: locución adverbial
m.: masculino; nombre masculino
Mar.: marina
Mat.: matemáticas
Mec.: mecánica
Med.: medicina
Méx.: México
Ópt.: óptica
Pan.: Panamá
p. ej.: por ejemplo
Por ex.: Por extensión
pl.: plural
P. Rico: Puerto Rico

pronom.: pronominal
p.a.: participio activo
p.p.: participio pasivo
prnl.: pronominal
Quím.: química
term.: terminación
tr.: verbo transitivo
ú.: úsase
Urug.: Uruguay
U.t.c.prnl.: usado también como pronominal
U.t.c.s.: usado también como sustantivo

U.t.c.s.m.: usado también como sustantivo masculino
V.: Véase
Zool.: zoología

SELECCIÓN DE NEOLOGISMOS ADOPTADOS

ABIOGÉNESIS f. Produccion hipotética de seres vivos partiendo de la materia inerte: generación espontánea.

ABONAR... / 8 *bis*. Com. Pagar la cantidad correspondiente a cada uno de los vencimientos de una venta o un préstamo a plazos.

ABONO... / 6. Cada uno de los pagos parciales de un préstamo o una compra a plazos.

ABSENTISTA adj. Que practica el absentismo. Absentismo: costumbre de residir el propietario fuera de la localidad en que radican sus bienes. Lo decimos también por las personas faltistas, que no acuden a su empleo u obligación. Habitualmente decimos ausentista y ausentismo.

ABSTRACTO, -TA... Dícese del arte y de los artistas que no pretenden representar seres o cosas concretos y atienden sólo a elementos de forma, color, estructura, proporción, etcétera.

ACAL (del nahua *acali*, de *atl*, agua, y *calli*, casa) m. ant. Canoa.

ACALOTE m. Méx. Parte de las aguas que se limpia de hierbas flotantes en los ríos y lagunas para dar paso a las embarcaciones remeras.

ACAMPADA f. Acción y efecto de acampar. / 2. Campamento, lugar al aire libre, dispuesto para alojar turistas, viajeros, etcétera.

ACANTINFLADO, -DA adj. Chile. Que habla a la manera peculiar del actor mexicano Cantinflas.

ACCIONARIADO m. Conjunto de accionistas de una sociedad anónima.

ACCIONARIO, -RIA adj. Perteneciente o relativo a las acciones de una sociedad anónima. / 2. m. Accionista o poseedor de acciones.

ACELERAR... 2. Dar mayor velocidad, aumentar la velocidad.

ACERÍA Acerería.

ACERISTA Com. Persona técnica en la fabricación de aceros o dedicada a su producción.

ACERERÍA f. Fábrica de acero.

ACOMPLEJAR tr. Causar a una persona un complejo síquico o inhibición, turbarla. / 2. prol. Padecer o experimentar un complejo psíquico, turbación o inhibición.

ACOPLADOR, -RA adj. Que acopla o sirve para acoplar.

ACROMÁTICO, -CA adj. Ópt. Dícese del cristal o del sistema óptico que puede transmitir la luz blanca sin descomponerla en sus colores constituyentes. 2. Biol. Dícese de la parte del núcleo de una célula que no se tiñe con los colorantes usuales.

ACTINISMO m. Acción química de las radiaciones luminosas.

ACTINOMETRÍA f. Parte de la física, que estudia la intensidad y la acción química de las radiaciones luminosas.

ACTINOMÉTRICO, -CA adj. Perteneciente o relativo al actinómetro.

ACTINÓMETRO m. Ópt. Instrumento para medir la intensidad de las radiaciones, y especialmente las solares.

ACTIVISTA com. Agitador político, miembro que en un grupo o partido interviene activamente en la propaganda o practica la acción directa.

ACUÑAR 3. fig. Dar forma a expresiones o conceptos, especialmente cuando logra difusión o permanencia. Acuñar una palabra, un lema, una máxima.

ADÁMICO, -CA Perteneciente o relativo a Adam o Adán.

ADÁNICO, -CA Adámico.

ADANIDA m. Descendiente de Adán, hombre.

ADANISMO (de *Adán*) m. Hábito de comenzar una actividad cualquiera como si nadie la hubiera ejercitado anteriormente. / 2. Adamismo.

ADENOIDES f. pl. Hipertrofia del tejido ganglionar que existe normalmente en la rinofaringe.

ADLÁTERE com. fig. Persona que acompaña constante o frecuentemente a otra. Se toma a veces a mala parte.

ADMINISTRAR (todas las acepciones, enmendadas) Gobernar, ejercer la autoridad.
Se han enmendado todas las acepciones. Podemos emplearlo, como acostumbramos, en sentido económico, político, médico, etcétera.

ADMINISTRATIVISTA adj. Dícese del jurisconsulto que se dedica con preferencia al estudio del derecho administrativo.

AEROCRIPTOGRAFÍA f. *Aviac.* Representación de las figuras de vuelo acrobático mediante una clave de signos gráficos.

AEROCRIPTOGRÁFICO, -CA adj. *Aviac.* Perteneciente o relativo a la aerocriptografía.

AEROLÍNEA f. Organización o compañía de transporte aéreo.

AERONAVEGACIÓN f. Navegación aérea.

AEROVÍA f. Aerolínea.

AFECTAR... / 8 *bis.* Tratándose de enfermedades o plagas, producir daño en algun órgano o algún grupo de seres vivientes o poderlo producir.

AGARRE m. Acción de agarrar o agarrarse.

AGENTE 4. Persona que tiene a su cargo una agencia para gestionar asuntos ajenos o prestar determinados servicios.

AGREDIR tr. Cometer agresión.

AGREGADURÍA 2. Agregación, cargo del profesor agregado.

ALEGADOR, -RA adj. Amer. Discutidor, amigo de disputas.

ALEGREMENTE 2. De modo irreflexivo o frívolo sin meditar el alcance ni las consecuencias de lo que se hace.

ALFABETIZADO, -DA p.p. de alfabetizar. / 2. Dícese de la persona que sabe leer y escribir. U. t. c.s.

ALFABETO 2. Informática. Sistema de signos convencionales, como perforaciones en tarjetas y otros, que sirve para sustituir al conjunto de las letras y de los números.

ALMOHADILLAZO m. Golpe dado con una almohadilla, ordinariamente arrojándola.

ALÓFONO m. Fon. Cada una de las variantes que se dan en la pronunciación de un mismo fonema, según la posición de éste en la palabra o sílaba, según el carácter de los fonemas vecinos, etcétera; por ejemplo: la *b* oclusiva de tum*b*o y la fricativa de tu*b*o son alófonos del fonema /b/.

ALUMINOTERMIA f. Técnica para obtener un metal, con elevada pureza mediante reducción de un compuesto del mismo (generalmente un óxido), mediante oxidación del aluminio y consiguiente aumento de temperatura.

ALUNIZAJE m. Acción y efecto de alunizar.

ALUNIZAR intr. Posarse en la superficie de la Luna un aparato astronáutico.

AMASADO p.p. de amasar. / 2. m. Acción y efecto de amasar.

AMBIDIESTRO, -TRA adj. Ambidextro.

AMBIENTAR... 1 *bis.* proporcionar a un lugar ambiente adecuado mediante la decoración, luces, objetos, etcétera.

AMBIVALENCIA...' / 2. Condición de lo que se presta a dos interpretaciones opuestas.

AMORDAZAR... 1 *bis.* Impedir hablar o expresarse libremente mediante coacción.

AMPERVUELTA f. Fís. Unidad de excitación magnética (poder imantador) en el sistema basado en el metro, el kilogramo, el segundo y el amperio.

ANALISTA 3. Psicoanalista.

ANGITIS f. Med. Inflamación de un vaso, principalmente sanguíneo o linfático.

ANTICLINAL adj. Geol. Dícese del plegamiento de las capas del terreno en forma de A o de V invertida.

ANTICONCEPTIVO, -VA adj. Anticoncepcional. U.t.c.s.m.

ANTIIMPERIALISMO m. Movimiento político que trata de liberar a un país de la sujeción política o económica de otro.

ANTIIMPERIALISTA adj. Partidario del antiimperialismo. U.t.c.s.

ANTIPARASITARIO, -RIA adj. Que elimina, destruye o reduce los parásitos.

ANTISUDORAL adj. Dícese de la sustancia que reduce o evita el sudor excesivo. U.t.c.s.m. (Hay que evitar el uso de "antiperspirante", que es un anglicismo.)

ANTÓLOGO, -GA m. y f. Colector de una antología.

AÑEJADO, -A p.p. de añejar. / 2. Acción y efecto de añejar. Antes sólo se decía añejamiento.

APERTURA 5. fig. Tendencia favorable a la comprensión de actitudes ideológicas, políticas, etcétera, distintas de las que uno sostiene o a la colaboración con quienes las representan.

APLATANADO, -DA adj. p.p. de aplatanar. / 2. Indolente, inactivo.

APLATANAMIENTO m. Acción y efecto de aplatanar o aplatanarse.

APLATANAR tr. Causar indolencia o restar actividad a alguien. / 2; prnl. Entregarse a la indolencia o restar actividad, en especial por influjo del ambiente o del clima tropicales.

APOLITICISMO m. Condición de apolítico, carencia de carácter o significación políticos.

APRETUJAMIENTO m. Acción y efecto de apretujar o apretujarse.

ARBORETO m. Bot. Plantación de árboles destinada a fines científicos como el estudio de su desarrollo, de su acomodación al clima y al suelo, etcétera.

ARCHIVERO, -RA m. y f. Persona que tiene a su cargo un archivo o sirve como técnico en él.

ARISTOCRATIZAR tr. Dar o infundir carácter aristocrático a personas o cosas U.t.c.prnl.

ARMONIZADOR, -RA adj. Que armoniza.

ARRIMADO, -DA p.p. de arrimar. / 2. Persona que vive en casa ajena a costa o al amparo de su dueño.

ARRUTINAR tr. Convertir en rutina lo que se acostumbra o se repite. U.t.c. prnl.

ARTEROESCLERÓTICO, -CA adj. Perteneciente o relativo a la arteriosclerosis. / 2. Que padece arteriosclerosis.

ASALTO m... / 7. En boxeo, cada una de las partes o tiempos de que consta un combate.

ASINTÓTICO, -CA adj. Dícese de la curva que se acerca de continuo a una recta o a otra curva sin llegar nunca a encontrarla.

ATEMPERADOR, -RA adj. Que atempera. / 2. Fís. Moderador de la energía de los neutrones.

ATTO- Elemento compositivo inicial de nombres que significan la trillonésima parte (10^{-18}) de las respectivas unidades. Attogramo.

AUDÍFONO m. Aparato para percibir mejor los sonidos, especialmente usado por los sordos.

AUDIOVISUAL adj. Que se refiere conjuntamente al oído y a la vista, o los emplea a la vez. Dícese especialmente de métodos didácticos que se valen de grabaciones acústicas acompañadas de imágenes ópticas.

AUSPICIOSO, -SA adj. De buen auspicio o agüero, favorable.

AUSTRALOPITECO m. Zool. Antropoide fósil de África del Sur, que vivió hace más de un millón de años y era capaz de tallar guijarros.

AUTOSUGESTIONARSE prnl. Sugestionarse a sí mismo, experimentar autosugestión.

AVALADOR, -RA adj. Que avala U.t.c.s.

AVATAR m. Reencarnación, transformación. / 2. Fase, cambio, vicisitud. U.t.c.s.m. en pl.

AVÉSTICO, -CA adj. Perteneciente o relativo al Avesta. / 2. m. Lengua en que está escrito el Avesta; pertenece al grupo iranio de las lenguas indoeuropeas y se habló antiguamente en la parte septentrional de Persia. Se le ha llamado también zendo.

AVIFAUNA f. Conjunto de las aves de un país o una región.

AVIFÁUNICO, -CA adj. Perteneciente o relativo a la avifauna.

AXIOMÁTICO, -CA... / 2. f. Conjunto de definiciones, axiomas y postulados en que se basa una teoría científica.

AXIOMATIZACIÓN f. Acción y efecto de axiomatizar.

AXIOMATIZAR tr. Construir la axiomática de una ciencia.

AZEUXIS f. Hiato, encuentro de dos vocales que se pronuncian en sílabas diferentes.

AZTECA [adición] (Del nahua *aztécatl*, habitante de Aztlán, síncopa de *Aztatlán*, lugar de garzas, compuesto de *áztatl* y *tlan*, locativo.)

AZUFRERO, -RA adj. Dícese de todo lo relacionado con la explotación del azufre. La industria azufrera.

BABOSO, -SA. . . / 3. *bis.* fig. Bobo, tonto, simple.

BACTERIOSTÁTICO, -CA adj. Dícese de las sustancias que impiden o inhiben la actividad vital de las bacterias. U.t.c.s.m.

BALACERA (de balazo) f. Amer. Tiroteo.

BALÍSTICA... [enmienda]. f. Ciencia que estudia las trayectorias de los proyectiles.

BALIZA... / 2. Señal empleada para limitar pistas terrestres.

BANDOLERA... / 2 En bandolera, loc. adv. En forma de bandolera, cruzando desde un hombro hasta la cadera contraria.

BARRITAR intr. Dar barritos o berrear el elefante.

BASAL adj. Situado en la base de una formación orgánica o de una construcción. / 2. Zool. Dícese del segmento próximo a la aleta de los peces.

BATERÍA... / En batería, loc. adj. o adv. Modo de aparcar o estacionar vehículos colocándolos paralelamente unos a otros.

BATIDO, -DA / 7. m. Bebida que se hace batiendo helado, leche u otros ingredientes.

BATIDOR, -RA... / 8 *bis.* m. y f. Instrumento que mediante movimiento giratorio bate los ingredientes de manjares, condimentos o bebidas.

BATOLITO m. Masa de roca eruptiva, de grandes dimensiones, consolidada en la corteza terrestre a gran profundidad.

BECADO, -DA p.p. de becar. / 2. m. y f. Becario, persona que disfruta de una beca.

BECANTE adj. Que beca, que sufraga u otorga una beca. U.t.c.s.

BELCEBÚ (del latín bíblico *Beelzebub*, entendido como príncipe de los demonios en el Nuevo Testamento) m. Demonio, diablo.

BIKINI m. Biquini.

BIQUINI m. Conjunto de dos prendas femeninas de baño, constituído por un sujetador y una braguilla ceñida (tanga).

BIBLIOTECONOMÍA f. Arte de conservar, ordenar y administrar una biblioteca.

BIES (del francés *biais*) m. Oblicuidad, sesgo. Usado principalmente en la locución al bies, en sesgo, en diagonal. / 2. Trozo de tela cortado en sesgo respecto al hilo, que se aplica a los bordes de prendas de vestir.

BINOCULAR (del latín *binus*, doble, y *ocularis*, ocular) adj. Dícese de la visión con los dos ojos y de los aparatos que la permiten.

BIOQUÍMICA f. Ciencia que estudia los fenómenos químicos en el ser vivo.

BIOQUÍMICO, -CA adj. Perteneciente o relativo a la bioquímica.

BIOT m. Fís. Unidad de corriente eléctrica en el sistema magnético CGS (de c, g y s, iniciales de centímetro, gramo y segundo). Equivale a 10 amperios.

BIOTIPO m. Forma típica de animal o planta que puede considerarse característica de su especie, variedad o raza.

BOBINA m. Carrete para devanar o arrollar en él hilos, alambre.

BOBINAR tr. Arrollar o devanar hilos, alambres, etcétera, en una bobina.

BOCAJARRO, -A m. adv. Tratándose del disparo de un arma de fuego, a quemarropa, desde muy cerca. / 2. fig. De improviso, inopinadamente, sin preparación ninguna.

BOMBA... / atómica. Artefacto bélico cuyo gran poder explosivo se debe a la súbita liberación de energía como consecuencia de la escisión producida por los neutrones en los núcleos atómicos pesados, como uranio o plutonio.../ termonuclear, bomba bélica en la que se produce la transformación de núcleos atómicos ligeros (como el hidrógeno) en otros más pesados. Para que se inicie la reacción se requiere una temperatura muy elevada.

BORBOLLA f. Burbuja o glóbulo de aire que se forma en el interior del agua producido por la lluvia y otras causas. / 2. Borbollón o borbotón.

BORRASCOSO... / 4. fig. Agitado, violento, dicho de reuniones, movimientos históricos o políticos, épocas, etcétera.

BRAGUETAZO m. Casamiento por interés con mujer rica. / Dar braguetazo: casarse por interés un hombre con una mujer rica.

BRASILERO, -RA adj. Brasileño.

BRILLANTINA f. Preparación cosmética que se usa para dar brillo al cabello.

BUJARDA f. Martillo de dos bocas cuadradas cubiertas de dientes, usado en cantería.

BURRICIE f. Calidad de burro, torpeza, rudeza (solemos decir: burrez).

CALA... / a cala y a prueba, m. adverbial, a prueba, con derecho a comprobar la calidad de un artículo comestible, antes de efectuar la compra.

CALCIOTERMIA f. Técnica para obtener un metal por reducción de un compuesto del mismo, con empleo de calcio y consiguiente elevación de temperatura.

CALCULADOR, -RA m. y f. Aparato o máquina que por un procedimiento mecánico o electrónico obtiene el resultado de cálculos matemáticos.

CALORÍA f. Unidad de calor equivalente a 4.1873 julios.

CAMARISTA f. Aquí se usa frecuentemente para decir "recamarera". Esa acepción no está en el DRA.

CAMIÓN m. / 3. En algunas partes designa también el autobús.

CAMPAMENTO.../ 5. Lugar al aire libre, especialmente dispuesto para albergar viajeros, turistas, personas en vacaciones, etcétera, mediante retribución adecuada.

CAMUFLAJE m. Acción y efecto de camuflar.

CAMUFLAR tr. Disimular la presencia de armas, tropas, material de guerra, barcos, etcétera, dándoles apariencia que pueda engañar al enemigo. / 2. Por extensión, disimular dando a una cosa el aspecto de otra.

CANALIZAR / 4. fig. Recoger corrientes de opinión, iniciativas aspiraciones, actividades, etcétera, y orientarlas eficazmente, encauzarlas.

CAPÓ m. Cubierta del motor del automóvil.

CAPTOR, -RA adj. Que capta. / Que captura. / 3. El que hace una presa marítima.

CARBURANTE p.a. de carburar. / 2. m. Mezcla de hidrocarburos que se emplea en los motores de explosión y de combustión interna.

CARGUERO, -RA adj. Que lleva carga U.t.c.s. / 2. m. Buque, tren, etcétera, de carga. / 3. m. y f. Persona que se dedica a llevar cargas.

CARNADA [enmienda]. f. Cebo animal para pescar o cazar.
CARPA... Amér. Tienda de campaña. / 2. Amer. Puesto de feria cubierto con toldo. / 3. Amer. Toldo de circo.
CARRIL ... / 6. En una vía pública, cada banda longitudinal destinada al tránsito de una sola fila de vehículos.
CARROCERÍA/ [enmienda]. Parte de los vehículos automóviles o ferroviarios que reviste el motor y otros órganos, y en cuyo interior se acomodan los pasajeros o la carga.
CARTOGRAFIAR tr. Levantar y trazar la carta geográfica de una porción de superficie terrestre.
CASETE amb. Cajita de material plástico que contiene una cinta magnética para el registro y reproducción del sonido.
CATAPULTAR tr. Lanzar con catapulta los aviones.
CAVERNARIO, -RIA ... / 2. Dícese del hombre prehistórico que vivía en cavernas.
CEGESIMAL adj. Véase: sistema cegesimal.
CELOFÁN [enmienda]. (del francéss *Cellophan*, nombre de una marca registrada). m. Nombre registrado de una película que se obtiene por regeneración de la celulosa contenida en las soluciones de viscosa. Es transparente y flexible, y se utiliza principalmente como envase o envoltura.
CENTRALITA f. dim. de central. / 2. Aparato que conecta una o varias líneas teléfonicas con diversos teléfonos instalados en los locales de una misma entidad.
CENTRALIZAR ... [enmienda a la 1a. acepción]. Reunir varias cosas en un centro común. U.t.c.prnl. / 1. *bis*. Hacer que varias cosas dependan de un poder central. U.t.c. prnl.
CEREBRAL... / 2. *bis*. Intelectual, en oposición a emocional, apasionado, vital, etcétera, imaginario en oposición a vívido. U.t.c.s. Aplicado a persona.
CERROJAZO.../ 3. Clausura o final brusco de cualquier actividad, reunión, charla, etcétera. Úsase en la expresión "dar el cerrojazo".
CIBERNÉTICO, -CA adj. Perteneciente o relativo a la cibernética.
CIENTIFICISMO m. [nuevas acepciones]. Teoría según la cual las cosas se pueden conocer mediante la ciencia como son realmente, y la investigación científica basta para satisfacer

las necesidades de la inteligencia humana. / 2. Teoría según la cual los métodos científicos deben extenderse a todos los dominios de la vida intelectual y moral sin excepción. / 3. Teoría según la cual los únicos conocimientos válidos son los que se adquieren mediante las ciencias positivas y, por consiguiente, la razón no tiene otro papel que el que representa en la constitución de las ciencias.

CIENTIFICISTA adj. Partidario del cientificismo o inclinado a él. U.t.c.s. / 2. Perteneciente o relativo al cientificismo.

CÍRCULO... / 7. Sector o ambiente social: círculos financieros, aristocráticos, sindicales, etcétera.

CITOLOGÍA f. Parte de la biología que estudia la célula.

CÍTRICO, -CA... 3. m. pl. Agrios, frutas agrias o agridulces.

CLASIFICAR... / prnl. Obtener determinado puesto en una competición. / 3. Conseguir un puesto que permite continuar en una competición o torneo deportivo.

CLAVIFORME adj. Que tiene forma de clava o porra.

CLICHÉ m. Clisé de imprenta. / 2. Imagen fotográfica.

CLIMATIZACIÓN f. Acción y efecto de climatizar.

CLIMATIZAR tr. Dar a un espacio limitado, como el interior de un edificio, de una sala, de un avión, de un vagón de ferrocarril, etcétera, las condiciones necesarias para obtener la presión, temperatura y humedad del aire convenientes para la salud o la comodidad.

CLIMATIZADOR, -RA adj. Que climatiza. / 2. m. Aparato para climatizar.

CODIFICAR ... / 2. Comunic. Transformar mediante las reglas de un código la formulación de un mensaje.

COHETERÍA f. Taller o fábrica donde se hacen cohetes. 2. Tienda donde se venden. 3. Disparo de cohetes. 4. Conjunto de cohetes que se disparan juntos. 5. Arte de emplear cohetes en la guerra o en la investigación espacial.

COLAPSAR tr. Producir colapso. / 2. Intr. Sufrir colapso o caer en él. / 3. Decrecer o disminuir intensamente una actividad cualquiera.

COLAPSO ... / 3. fig. Destrucción, ruina de una institución, sistema, estructura, etcétera.

COLINDANCIA f. Hablando de terrenos, condición de colindante.

COLOMBICULTURA f. Arte de criar y fomentar la reproducción de palomas.

COLUMNISTA com. Redactor o colaborador de un periódico al que contribuye regularmente con comentarios firmados e insertos en una columna especial.

COMBATIR... / 3. *bis*. fig. Atacar, reprimir, refrenar lo que se considera un mal o daño, oponerse a su difusión. *Combatir* una epidemia, la pornografía, el terrorismo.

COMBATIVIDAD [enmienda] f. Calidad o condición de combativo.

COMBATIVO, -VA adj. Dispuesto o inclinado al combate, a la contienda o a la polémica.

COMBUSTIBLE... / nuclear. Material que se emplea para producir calor mediante reacciones nucleares.

COMER... / 11. prnl. Cuando se habla o escribe, omitir alguna cosa que se indica, como complemento directo: en esta edición se han *comido* una línea.

COMERCIAL... / 1. *bis*. Dícese de aquello que tiene fácil aceptación en el mercado que le es propio.

COMERCIALIZACIÓN f. Acción y efecto de comercializar.

COMERCIALIZAR tr. Dar a un producto industrial, agrícola, etcétera, condiciones y organización comerciales para su venta.

COMPADREAR (de *compadre*) intr. Hacer o tener amistad, generalmente con fines poco lícitos. / 2. Argen. y Urug. Jactarse, envanecerse. Úsase con valor despectivo.

COMPADREO (de *compadrear*) m. Compadraje, unión de personas para ayudarse mutuamente. Suele tener valor despectivo.

COMPLECIÓN f. Acción y efecto de completar / 2. Calidad y condición de completo.

COMPLEMENTARIEDAD f. Calidad y condición de complementario.

COMPUTADOR, -RA adj. Que computa o calcula. U.tc.s. / 2. m. y s. Calculador o calculadora, aparato o máquina de calcular.

COMPUTADORIZAR tr. Someter datos al tratamiento de una computadora. En México se dice computarizar.

COMUNITARIO, -RIA adj. Perteneciente o relativo a la comunidad.

CONCEPTUACIÓN f. Acción y efecto de conceptuar.

CONCEPTUAR... / 2. Apreciar las cualidades de una persona.

CONCURRIDO,-DA p.p. de concurrir. / 2. adj. Dícese de lugares, espectáculos, etcétera, a donde concurre el público. Paseo muy concurrido.

CONDICIONANTE p.a. de condicionar. / 2. adj. Que determina o condiciona.

CONECTAR... tr. Establecer contacto entre dos partes de un sistema mecánico o eléctrico. / 2. Unir, enlazar, establecer relación, poner en comunicación.

CONFECCIONISTA adj. Dícese de la persona que se dedica a la fabricación o comercio de ropas hechas. U.m.c.s.

CONFIABILIDAD f. Calidad de confiable. / 2. Fiabilidad, probabilidad de buen funcionamiento de una cosa.

CONFIANZA ... / 5 bis. Familiaridad o libertad excesiva. U.m. en pl. ... / en confianza... / 2. Con reserva e intimidad.

CONFLICTIVO, -VA adj. Que origina conflicto. / 2. Perteneciente o relativo al conflicto. / 3. Dícese del tiempo, situación, circunstancias, etcétera, en que hay conflicto.

CONFLICTO... / 2. bis. fig. Antagonismo, pugna, oposición.

CONGLOMERANTE p.a. de conglomerar. / 2. adj. Aplícase al material capaz de unir fragmentos de una o varias sustancias y dar cohesión al conjunto por efecto de transformaciones químicas en su masa, que originan nuevos compuestos. Son conglomerantes el yeso, la cal, etcétera. U.t.c.s.m.

CONGLOMERAR [enmienda a la 3a. acep.] / 2. Unir fragmentos de una o varias sustancias con un conglomerante, con tal coherencia que resulte una masa compacta.

CONJUNTO... / 5. m. Juego de vestir femenino hecho generalmente con tejido de punto y compuesto por jersey y chaqueta, o también de otras prendas. (Se emplea indebidamente la palabra francesa *ensemble*, y a veces incluso *ensamble*.)

CONMUTADOR... / 1 bis. M. Centralita telefónica.

CONNOTADO, -DA... / 3. adj. Amer. Distinguido, notable.

CONSAGRAR .../ 5 bis, Conferir a alguien fama o preeminencia, etcétera, en determinada actividad. U.t.c. prnl. Aquella novela lo consagró como gran escritor. Con aquel tratado se consagró como diplomático.

CONSAGRATORIO, -RIA adj. Perteneciente o relativo a la consagración.

CONSERVADORISMO m. Conservadurismo.

CONSERVADURISMO... / 2. Actitud conservadora en política, ideología, etcétera.

CONSONANTIZACIÓN f. Acción y efecto de consonantizar o consonantizarse.

CONSTANCIA... / 3. Escrito en que se ha hecho constar algún acto o hecho, a veces de manera fehaciente (úsase más con los verbos *haber, dejar*, etcétera, y en la frase para constancia, para que conste).

CONSTATACIÓN f. Acción y efecto de constatar.

CONSTATAR tr. Comprobar un hecho, establecer su veracidad, dar constancia de él.

CONTENEDOR m. Embalaje metálico grande y recuperable, de tipos y dimensiones normalizados internacionalmente y con dispositivos para facilitar su manejo.

CONTEO m. Cálculo, valoración. / 2. *Col.* Recuento.

CONTRAELECTROMOTRIZ adj. f. Dícese de la fuerza electromotriz que se desarrolla en un circuito cuando varía la corriente que por él circula. En virtud de la ley de Lenz, se opone a dichas variaciones y, por tanto, tiene sentido contrario a la fuerza electromotriz que las origina.

CONTRAINDICADO, -DA p.p. de contraindicar. / 2. adj. Dícese del agente terapéutico perjudicial en una determinada afección o dolencia.

CONTRAINDICAR... / 2. Med. Señalar como perjudicial en ciertos casos, determinado remedio, alimento o acción (lo usamos corrientemente fuera del sentido médico).

CONTRALOR... / [enmienda] 3. En algunos países de América, funcionario encargado de examinar las cuentas y la legalidad de los gastos oficiales.

193

CONTRALORÍA f. En algunos países de América, servicio encargado de examinar la legalidad y corrección de los gastos públicos.

CONTRAPRESTACIÓN For. Prestación que debe una parte contratante por razón de la que ha recibido o debe recibir.

CONTRATUERCA f. Tuerca auxiliar que se superpone a otra para evitar que ésta se afloje por efecto de la vibración o por otras causas.

CONTROVERSIAL adj. Perteneciente o relativo a la controversia. / 2. Que es o puede ser objeto de controversia. / 3. Polémico, que busca la controversia.

CONVENENCIERO, -RA adj. Que sólo atiende a sus conveniencias, sin otras miras ni preocupaciones.

CONVENCIÓN... / 2. bis. Norma o práctica admitida tácitamente, que responde a precedentes o a la costumbre ... / 4. Amer. Reunión general de un partido político o de una agrupación de otro carácter, para fijar programas, elegir candidatos o resolver otros asuntos.

COOPTACIÓN f. Elección de una persona como miembro de una sociedad o cuerpo mediante el voto de los asociados.

COPARTIDARIO, -RIA adj. Que pertenece al mismo partido político. U.t.c.s.

COPILOTO m. Piloto auxiliar.

COPLANARIO, -RIA adj. Dícese de los puntos, líneas o figuras que están en un mismo plano.

COPRODUCCIÓN f. Producción en común.

COPRODUCTOR, -RA adj. Que produce en común.

CORINTO m. Color de pasas de Corinto, rojo oscuro, cercano a violáceo. U.t.c. adj. invariable.

CORRECTIBILIDAD f. Calidad de correctible.

CORREOSO... / 3. Se aplica a la persona que en trabajos, deportes, quehaceres, etcétera, dispone de mucha resistencia física.

CORROEDOR, -RA adj. Que corroe.

CORTAR ... / 9 bis. Acortar distancia.

COSMOGONISTA com. Persona que profesa la cosmogonía.

COSMONAUTA com. Astronauta.

COSMONÁUTICA f. Astronáutica.

COSMONÁUTICO, -CA adj. Astronáutico.

CRITERIOLOGÍA f. Parte de la lógica que estudia los criterios de la verdad.

CRITERIOLÓGICO, -CA adj. Perteneciente o relativo a la criteriología.

CRITICIDAD f. Calidad o condición de crítico.

CRONOMETRADOR, -RA m. y f. Persona que cronometra.

CUADRA... / [enmienda] 9. Amér. Espacio de una calle comprendido entre dos esquinas, lado de una manzana. / 10 [enmienda]. Amér. Medida de longitud, variable según los países, y comprendida más o menos entre los cien y los ciento cincuenta metros.

CUADRANTE ... / 9. [enmienda]. Geom. Cuarta parte de la circunferencia o del círculo comprendida entre dos radios perpendiculares.

CUADRÁTICO, -CA adj. Mat. Perteneciente o relativo al cuadrado. / 2. Mat. Que tiene cuadrados como potencia más alta. / 3. Mat. V. media cuadrática.

CULTUAL... / [enmienda]. 2. Perteneciente o relativo al culto religioso.

CURRICULUM VITAE m. Relación de los títulos, honores, cargos, trabajos realizados, datos biográficos, etcétera, que califican a una persona para determinada pretensión.

CUSTODIA... / 3 bis. Templete o trono, generalmente de plata y de grandes dimensiones, en que se coloca la custodia u ostensorio para ser conducido procesionalmente en andas o sobre ruedas... / 5. Chile. Consigna de una estación o aeropuerto, lugar donde los viajeros depositan temporalmente equipajes y paquetes.

¡CHAO! interj. Chile y R. de la Plata. ¡Chau!

CHAPISTA m. El que trabaja la chapa.

CHAPISTERÍA f. Taller donde se trabaja la chapa. / 2. Arte de trabajar la chapa.

CHAPOTEAR... / 3. Producir ruido al mover las manos o los pies en el agua o lodo, o al pisar éstos. U.t.c.tr.

CHATARREAR tr. Desguazar un buque o trocear maquinaria para convertirlos en chatarra.

CHATARRERO Persona que se dedica a coger, almacenar o vender chatarra.

CHÉVERE adj. Ecuad., P. Rico y Venez. Primoroso, gracioso, bonito. / 2. *Col.* Excelente. / 3. Cuba y Venez. Benévolo, indulgente. Un profesor *chévere*, un examen *chévere. / 4.* Cuba y P. Rico. En sentido festivo, elegantón, petimetre, lechuguino.

CHICANA (del fr. *chicane*) f. Artimaña, procedimiento de mala fe, especialmente el utilizado en un pleito por alguna de las partes. / 2. Broma, chanza.

CHICANEAR intr. Emplear chicanas.

CHICANERO, -RA adj. Dícese de la persona que emplea chicanas.

CHUPERRETEAR tr. Chupetear mucho.

CHUPERRETEO m. Acción y efecto de chuperretear.

DAMERO m. Tablero del juego de damas. / 2. Por ext., se aplica a la planta de urbanizaciones, ciudades, etcétera, que están constituídas por cuadrados o rectángulos.

DATA... / 1 *bis.* Tiempo en que ocurre o se hace una cosa.

DATACIÓN f. Acción y efecto de datar.

DATAR... / 2. *bis.* Determinar la data de un documento, obra de arte, suceso, etcétera.

DECODIFICAR tr. Descodificar.

DEFATIGANTE adj. Que quita la fatiga. U.t.c.s.m.

DEFLACIONARIO, -RIA adj. Relativo a la deflación o que tiende a producirla. Política *deflacionaria.*

DEFLACIONISTA adj. Deflacionario. / 2. Aplicado a personas, partidario de la deflación. U.t.c.s.

DENIGRATORIO, -RIA adj. Perteneciente o relativo a la denigración.

DEPRESIÓN... / 4. Periodo de baja actividad económica general, caracterizado por desempleo masivo, deflación, decreciente uso de recursos y bajo nivel de inversiones.

DEPURAR.../ 5. Eliminar de un cuerpo, organización, partido político, etcétera, a los miembros considerados como disidentes.

DERELICTO, -TA p.p. irreg. de derelinquir.

DERELINQUIR tr. Abandonar, desamparar.

DERRELICTO, -TA p.p. irreg. de derrelinquir. V. Derelicto.

DERRELINQUIR tr. Derelinquir.

DERRAPAR (del fr. *déraper*) intr. Patinar un vehículo diesviándose lateralmente de la dirección que llevaba.

DESANIMADO, -DA p.p. de desanimar. / adj. Dícese del lugar, espectáculo, reunión, etcétera, donde concurre poca gente.

DESARME ... / 2. Arbitrio diplomático para mantener la paz, mediante la voluntaria reducción, equitativamente proporcional de sus respectivas fuerzas militares, pactada por número suficiente de naciones.

DESCEREBRACIÓN f. Acción y efecto de descerebrar. / *Med.* Estado morboso producido por la pérdida de actividad funcional del cerebro. / 3. Extirpación experimental del cerebro de un animal.

DESCODIFICAR tr. *Comunic.* Aplicar inversamente a un mensaje codificado las reglas de su código para obtener la forma primitiva del mensaje.

DESNUDISTA adj. Dícese de la persona que practica el desnudismo. U.t.c.s.com.

DESARROLLAR... / 5. prnl. fig. Suceder, ocurrir, acontecer de un modo, en un lugar, etcétera.

DESASTROSO, -A. ... / 2. fig. Muy malo: me produjo una impresión *desastrosa*, dejó allí un recuerdo *desastroso*; hizo un examen *desastroso*.

DESCARNADO, -A p.p. de descarnar. / 2. adj. fig. Dícese de los asuntos crudos o desagradables expuestos sin paliativos, y también de las experiencias de condición semejante.

DESCOLGAR.... / 3. *bis.* En el ciclismo y otros deportes, dejar atrás un corredor a sus competidores.

DESCOLOCAR tr. Quitar o separar a alguna persona o cosa del lugar que ocupa. U.t.c.prnl.

DESCOMPENSACIÓN f. Acción y efecto de descompensar.

DESCOMPENSAR Hacer perder la compensación.

DESCONCEPTUACIÓN f. Acción y efecto de *desconceptualizar.*

DESCONTAMINACIÓN ...Acción y efecto de descontaminar.

DESCONTAMINAR tr. Someter a tratamiento lo que está contaminado, a fin de que pierda sus propiedades nocivas.

DESEDUCADOR, -RA adj. Que deseduca.

DESEDUCAR tr. Hacer perder la educación.

DESEMPLEO m. Paro forzoso.

DESENCOFRAR tr. Quitar el encofrado.

DESESPERANZADOR, -RA adj. Que quita la esperanza.

DESFONDAMIENTO m. Acción y efecto de desfondar o desfondarse.

DESFONDAR... / 4. En competiciones deportivas, quitar fuerza o empuje. U.t.c. prnl.

DESHEREDADO, -DA p.p. de desheredar. / 2. adj. Pobre, que carece de medios de vida. U.t.c.s.

DESHIDRATADO, -DA p.p. de deshidratar. / 2. m. Deshidratación.

DESHIDRATADOR, -RA adj. Que deshidrata.

DESINSECTADOR, -RA adj. Que desinsecta.

DESMORALIZAR... / 2. Desanimar. U.t.c.prnl.

DESOCUPACIÓN... / 2. Amér. Paro forzoso, desempleo.

DESRAIZAR tr. Arrancar las raíces de un terreno.

DESVIACIONISMO (de desviación) m. Apartamiento o disidencia de una ortodoxia política.

DESVIACIONISTA com. Persona que practica el desviacionismo.

DETECTAR [enmienda] tr. Poner de manifiesto, por métodos físicos o químicos, lo que no puede ser observado directamente.

DEUTERÓN m. Fís. Núcleo de deuterio, constituido por un protón y un neutrón.

DEUTERAGONISTA com. Personaje que sigue en importancia al protagonista en las obras literarias o análogas.

DIACRÓNICO, -CA adj. Dícese de los fenómenos que ocurren a lo largo del tiempo, así como de los estudios referentes a ellos. Se opone a sincrónico.

DIAGNOSIS [enmienda] f. Med. Conocimiento diferencial de los signos de las enfermedades. / 2. Biol. Descripción característica y diferencial abreviada de una especie, género, etcétera.

DIÁLOGO. . . / 3. Discusión o trato en busca de avenencia.

DICOTOMÍA. . . / 2. bis. Aplicación de este método, división en dos.

DIDACTICISMO m. Cualidad de didáctico. / 2. Tendencia o propósito docente o didáctico.

DIFERENDO m. Argent., Col. y Urug. Diferencia, desacuerdo, discrepancia entre personas, grupos sociales o instituciones.

DIPLOMADO, -DA p.p. de diplomar. / 2. m. y f. Persona que ha obtenido un diploma.

DIPLOMAR tr. Conceder a uno un diploma facultativo o de aptitud. / 2. prnl. Obtenerlo, graduarse.

DIRIGENTE... / 2. com. Persona que ejerce función o cargo directivo en una asociación, organismo o empresa.

DIS- Prefijo que entra en la composición de palabras españolas como dispepsia, disnea, etcétera, con significado de imperfección, dificultad o anomalía.

DISCAL adj. Anat. Perteneciente o relativo al disco intervertebral.

DISCAR tr. Marcar un número en el disco del teléfono.

DISCENTE adj. Dícese de la persona que recibe enseñanza. / 2. m. Estudiante, persona que cursa estudios.

DISCOGRAFÍA f. Arte de imprimir y reproducir discos fonográficos.

DISFUNCIÓN... [enmienda]. Fisiol. Alteración cuantitativa o cualitativa de una función orgánica.

DISRUPTIVO, -VA adj. Fís. Que produce ruptura brusca. Descarga disruptiva: tensión disruptiva.

DISTERMIA f. Temperatura anormal del organismo.

DISTINGUIDOR, -RA adj. Que distingue. U.t.c.s.

DRAMÁTICO, -CA... / 6. fig. Teatral, afectado.

DRAMATIZAR... / 2. Exagerar con apariencias dramáticas o afectadas.

DROGADICTO, -TA adj. Dícese de la persona habituada a las drogas. U.t.c.s.

DURACIÓN... / 2. Tiempo que dura una cosa. / 3. Tiempo que transcurre entre el comienzo y el fin de un proceso físico, biológico, histórico, etcétera.

ECLOSIÓN [enmienda]. f. En el lenguaje literario o técnico, acción de abrirse un capullo de flor o de crisálida. / 2. Med. Acción de abrirse el ovario al tiempo de la ovulación para dar salida al óvulo. / 3. Fig. Hablando de movimientos culturales o de otros fenómenos históricos, psicológicos, etcétera, brote, manifestación, aparición súbita.

EDICIÓN... / 4. Cada celebración de determinado certamen, exposición, festival, etcétera, repetido con periodicidad o sin ella. Tercera *edición* de la Feria de Muestras. Cuarta *edición* de los Juegos Universitarios.

EDITOR, -RA... / 2. Persona que cuida de la preparación de un texto ajeno siguiendo criterios filológicos.

EDUCACIONISTA adj. Relativo o perteneciente a la educación, pedagógico. / 2. com. Persona que se dedica a la educación de niños o jóvenes.

EGRESADO, -DA p.p. de egresar / 2. m. y f. Persona que sale de un establecimiento docente después de haber terminado sus estudios.

EJECUTIVO, -VA... / 5 *bis.* m. y f. Persona que forma parte de una comisión ejecutiva o que desempeña cargo directivo en una empresa.

ELECCIONARIO, -RIA adj. Amér. Perteneciente o relativo a la elección o elecciones.

ELECTRICISTA adj. Dícese de la persona experta en aplicaciones técnicas y mecánicas de la electricidad. Ingeniero electricista, perito electricista. / 2. com. Obrero especializado en las instalaciones eléctricas.

ELECTROCINÉTICA f. Parte de la física que estudia los fenómenos que produce la electricidad en movimiento en los mismos conductores.

ELECTROCHOQUE [enmienda] m. Tratamiento de una perturbación mental provocando el coma mediante la aplicación de una descarga eléctrica.

ELECTROSTRICCIÓN f. Fís. Deformación de un cuerpo cuando está sometido a un campo eléctrico.

EMBELLECEDOR, -RA adj. Que embellece. / 2. m. Cada una de las molduras cromadas de los automóviles, en especial el tapacubos. (Aquí decimos: los tapones de las ruedas.)

EMBRUJO m. Acción y efecto de embrujar, hechizo. / 2. Fascinación, atracción misteriosa y oculta.

ENCAPSULAR tr. Meter en cápsula o cápsulas.

ENCEGUECER tr. Cegar, privar de la visión. / 2. fig. Cegar, ofuscar el entendimiento. U.t.c. prnl. / 3. Sufrir ceguera, perder la vista. U.t.c. prnl.

ENCUESTA... / 1 *bis.* Acopio de datos obtenidos mediante consulta o interrogatorio, referentes a estados de opinión, costumbres, nivel económico o cualquier otro aspecto de actividad humana.

ENCUESTADOR, -RA m. y f. Persona que lleva a cabo consultas e interrogatorios para una encuesta.

ENDROGARSE [nueva 1a. acepción] P. Rico. Drogarse, usar estupefacientes, / 2. La actual 1a. acepción. (Nosotros lo decimos en sentido figurado, como sinónimo de endeudarse, entramparse.)

ENERGIZAR intr. Col. Obrar con energía, actuar con vigor o vehemencia. U.t.c. prnl. / 2. tr. Col. Estimular, dar energía... / 3. Fís. Poner en actividad un electroimán, mandarle la corriente excitatriz. / 4. Fís. Mandar a las bobinas la corriente para que imanen el núcleo. / 5. Fís Suministrar corriente eléctrica.

ENFATIZAR intr. Expresarse con énfasis. / 2. tr. Poner énfasis en la expresión de alguna cosa.

ENFRENTAMIENTO m. Acción y efecto de enfrentar o enfrentarse.

ENGRAPADORA f. Máquina que sirve para engrapar papeles.

ENLACE... / 5. Persona que establece o mantiene relación entre otras, especialmente dentro de alguna organización... / Sindical. Delegado de los trabajadores ante la empresa.

ENSILAR tr. Poner, encerrar los granos, semillas y forraje en el silo. / 2. Ant. fig. Comer, tragar mucho.

ENSILADORA f. Máquina para ensilar forraje.

ENSIMISMARSE... / 1. *bis.* Sumirse o recogerse en la propia intimidad.

ENSOÑACIÓN f. Acción y efecto de ensoñar, ensueño.

ENTALPÍA *Fís.* Magnitud termodinámica de un cuerpo físico material.

ENTORNO... / 1. *bis.* Ambiente, lo que rodea.

ENTRECOMAR [enmienda] tr. Poner entre comas una o varias palabras.

ENTRECOMILLADO, -DA p.p. de entrecomillar. / 2. m. Palabra o palabras citadas entre comillas...

ENTRECOMILLAR [enmienda] tr. Poner entre comillas una o varias palabras.

ENTREPISO m. [nueva 1a. acep.] Piso que se construye quitando parte de la altura de uno y queda entre éste y el superior. / 2. La actual 1a. acep. (Solemos decir "mezzanine".)

ENTRETENIDA (del fr. *entretenue*) f. Querida a la que su amante sufraga los gastos.

ENYESADO, -DA... / 1 *bis*. Acción y efecto de enyesar.

ENZIMOLOGÍA f. Ciencia que estudia las enzimas.

EROSIONABLE adj. [enmienda]. Susceptible de erosión.

ESCALOFRIANTE p.a. de escalofriar. / 2. adj. Pavoroso, terrible. / 3. Asombroso, sorprendente.

ESCALOFRIAR tr. Causar escalofrío. U.t.c. intr. y c. prnl.

ESCALOFRÍO... / 2. Sensación semejante producida por una emoción intensa, especialmente terror.

ESCAMIFORME adj. Que tiene forma de escama, parecido a una escama.

ESCINDIBLE adj. Que puede escindirse.

ESCLEROSAR tr. Producir esclerosis. / 2. prnl. Alterarse un órgano o tejido con producción de esclerosis.

ESCORRENTÍA f. Corriente de agua que se vierte al rebasar su depósito o cauce naturales o artificiales. / 2. Aliviadero. / V. Coeficiente de escorrentía.

ESPAGUETI m. Pasta alimenticia de harina de trigo en forma de cilindros macizos, largos y delgados, pero más gruesos que los fideos.

ESPECTACULAR... / 2. Aparatoso, ostentoso.

ESPECTACULARIDAD f. Calidad de espectacular.

ESPELUZNANTE p.a. de espeluznar. Que espeluzna. / 2. adj. Pavoroso, terrorífico.

ESQUIZOFRÉNICO, -CA adj. Que padece esquizofrenia.

ESTÁNDAR m. Tipo, modelo, patrón, nivel.

ESTANDARIZACIÓN f. Acción y efecto de estandarizar, tipificación.

ESTANDARIZAR tr. Tipificar, ajustar a un tipo, modelo o norma.

ESTATIFICAR tr. Poner bajo la administración o intervención del Estado.

ESTENOTIPIA f. Estenografía o taquigrafía a máquina.

ESTRAPERLISTA Com. Persona que practica el estraperlo o comercio ilegal.

ESTRAPERLO m. fam. Comercio ilegal de artículos intervenidos por el Estado o sujetos a tasa. / 2. fam. Chanchullo, intriga.

ESTRATIGRAFÍA... / 2. Estudio de los estratos arqueológicos, históricos, lingüísticos, sociales, etcétera.

ESTRATO... / 6. Capa o nivel de una sociedad.

ESTRÓGENO m. Sustancia que provoca el estro o celo de los mamíferos.

ESTRUCTURA [enmienda a la 1a. acep.]. Distribución y orden de las partes importantes de un edificio.

ESTUDIANTADO... / 2. Conjunto de estudiantes de un establecimiento docente, alumnado.

EUROPEIDAD f. Calidad o condicion de europeo. / 2. Carácter genérico de los pueblos que componen Europa.

EUROPEISMO m. Predilección por las cosas de Europa. / Carácter europeo.

EUROPEIZACIÓN f. Acción y efecto de europeizar.

EVENTO m. Cosa o circunstancia contingente. / 2. Suceso, acaecimiento. / A todo evento, a cualquier evento. M. adv. En previsión de todo lo que pueda suceder.

EVOCATORIO, -RIA adj. Perteneciente o relativo a la evocación.

EXCITATRIZ adj. f. Que excita, excitadora.

EXOGÁMICO, -CA adj. *Biol.* y *Etnol.* Perteneciente o relativo a la exogamia.

EXPECTACIÓN [enmienda a la 1a. acep.]. Espera, generalmente curiosa y tensa, de un acontecimiento que interesa o importa. / 1 *bis.* Contemplación de lo que se expone o muestra al público.

EXPLOTAR intr. Explosionar, estallar, hacer explosión.

EXPRESIVIDAD f. Calidad de expresivo.

EXTRAPOLACIÓN f. Fís. Acción y efecto de extrapolar.

EXTRAPOLAR tr. Fís. Averiguar el valor de una magnitud para valores de la variable que se hallan fuera del intervalo en que dicha magnitud ha sido medida.

EXTRAUTERINO, -NA adj. Que está situado u ocurre fuera del útero, dicho de lo que normalmente está situado u ocurre dentro de él: Embarazo *extrauterino*.

EXTREMOSIDAD f. Calidad de extremoso.

EXTRUDIR tr. Dar forma a una masa metálica, plástica, etcétera, haciéndola salir por una abertura especialmente dispuesta.

EXTRUSIÓN... [enmienda] f. Acción y efecto de extrudir.

EXTRUSOR, -RA adj. Que extrude. / 2. Máquina para extrudir.

FACSIMILAR adj. Dícese de las reproducciones, ediciones, etcétera, en facsímile.

FACTIBILIDAD f. Calidad o condición de factible.

FÁCTICO, -CA adj. Perteneciente o relativo a hechos. / 2. Basado en hechos o limitado a ellos, en oposición a teórico o imaginario.

FACTUAL adj. Fáctico, perteneciente o relativo a hechos.

FÁUSTICO, -CA adj. Perteneciente o relativo al *Fausto* de Goethe y a la actitud espiritual que el protagonista de esta obra representa.

FAVOR... / 7. Méx. Seguido de la preposición *de* y un infinitivo, equivale a hazme, hágame, etcétera, el favor.../ Por favor. loc. hazme el favor.

FEISMO m. Tendencia artística o literaria que valora estéticamente lo feo.

FÉMINA f. Mujer, persona del sexo femenino.

FEMTO- Elemento compositivo inicial de nombres que significan la milbillonésima parte (10^{-15}) de las respectivas unidades. / Femtogramo.

FERMIO.../ Fís. Unidad de longitud empleada en física nuclear. Equivale a 10^{-12} milímetros.

FIABILIDAD f. Calidad de fiable. / 2. Probabilidad de buen funcionamiento de una cosa.

FIGURA... / 9 *bis.* Persona que destaca en determinada actividad.

FIGURAR... / 3 *bis.* Destacar, brillar en alguna actividad.

FILMACION f. Acción y efecto de filmar.

FILMOGRAFÍA f. Descripción o conocimiento de filmes o microfilmes.

FILMOTECA f. Lugar donde se guardan ordenados los filmes. / 2. Conjunto o colección de filmes.

FILOSOVIÉTICO, -CA adj. Inclinado en el afecto a lo soviético.

FINANCIAR... [enmienda]. Aportar el dinero necesario para una empresa. / 2. Sufragar los gastos de una actividad, obra, etcétera.

FISIATRA com. Persona que profesa o practica la fisiatría.

FISIATRÍA f. Naturismo médico.

FISIÁTRICO, -CA adj. Perteneciente o relativo a la fisiatría.

FLETERO, -RA adj. Amér. Dícese de la embarcación, carro u otro vehículo que se alquila para transporte.

FLORITURA f. Adorno en el canto, en varios otros ejercicios y en otras cosas diversas.

FOLIAR adj. Perteneciente o relativo a la hoja.

FONÓPTICO, -CA adj. Dícese de las cintas magnetofónicas que además del sonido registran imágenes ópticas.

FORMATO (del fr. *format*, it. *formato*) m. Tamaño de un impreso, expresado en relación con el número de hojas que comprende cada pliego (folio, cuarto, octavo, dieciseisavo), o indicando la longitud y anchura de la plana.

FOTOCONDUCTIBILIDAD f. Conductibilidad variable, propia de los cuerpos fotoconductores.

FOTOCONDUCTOR, -RA o -TRIZ adj. Dícese de los cuerpos cuya conductibilidad eléctrica varía según la intensidad de la luz que los ilumina.

FOTOCOPIADOR, -RA adj. Que fotocopia. / 2. Máquina para fotocopiar.

FRANCOTIRADOR, -RA m. y f. Combatiente que no pertenece al ejército regular. (Hemos adoptado el *franc-tireur* francés de la guerra franco-prusiana de 1870, como los franceses han adoptado las palabras *guerrillero* de las guerras napoleónicas en España y *5a. columna* de la guerra de España 1936-1939.)

FRENADO, -DA p.p. de frenar. / 2. Acción y efecto de frenar.

FRENAZO m. Acción de frenar súbita y violentamente.

FRESCO, -CA... / 6 *bis*. Descansado, que no da muestras de fatiga.

FUEL m. Fracción del petróleo natural, obtenida por refinación y destilación, que se destina a la calefacción.

FUERZA... / magnetomotriz. Fís. Causa productora de los campos magnéticos creados por las corrientes eléctricas. Se mide en gilbertios o amperiovueltas.

FUNGIR... / 2. Cuba, Méx. y P. Rico. Dárselas, echárselas de algo. Fungir de alcalde, de rico, de intelectual.

FUNGISTÁTICO adj. Dícese de las sustancias que impiden o inhiben la actividad vital de los hongos. U.t.c.s.m.

FUSIÓN... / nuclear. Fís. Reacción nuclear, producida por la unión de dos núcleos ligeros, que da lugar a un núcleo más pesado, con gran desprendimiento de energía. La fusión de los núcleos de hidrógeno en el Sol es el origen de la energía solar.

FUTBOLÍN m. Cierto juego en que figurillas accionadas mecánicamente remedan un partido de futbol.

FUTURIBLE adj. Dícese de lo futuro condicionado, que no será con seguridad, sino que sería si se diese una condición determinada.

FUTURICIÓN f. Condición de estar orientado o proyectado hacia el futuro, como la vida humana.

FUTURIDAD f. Condición o calidad de futuro.

FUTURISMO m. Actitud espiritual, cultural, política, etcétera, orientada hacia el futuro. / 2. Movimiento ideológico y artístico cuyas orientaciones fueron formuladas por el poeta italiano Filippo Tommaso Marinetti en 1909; pretendía revolucionar las ideas de costumbres, el arte, la literatura y el lenguaje.

FUTURISTA adj. Perteneciente o relativo al futurismo / 2. Partidario del futurismo. U.t.c.s.

GAUBO m. Figura ideal cuyo perímetro marca las dimensiones máximas de la sección transversal autorizadas a los vehículos con su carga que hayan de pasar por túneles, arcos, etcétera. / 1 bis. Arco de hierro.

GARBANZA f. Garbanzo mayor, más blanco y de mejor calidad que el corriente.

GASÓLEO [enmienda]. m. Petróleo natural obtenida por refinación y destilación, y que se emplea como combustible en los motores diesel.

GAUSIO m. Fís. Nombre del gausio en la moneclatura internacional.

GEMELAR adj. Perteneciente o relativo a hijos o hermanos gemelos. Parto *gemelar, pareja gemelar.*

GEN Biol. Cada una de las partículas que están dispuestas en un orden fijo a lo largo de los cromosomas y que determinan a la aparición de los caracteres hereditarios en las plantas y en los animales.

GENIO... / 5 *bis.* Disposición habitual u ocasional del ánimo, en el cual éste se manifiesta apacible o alegre o, por el contrario, áspero y desabrido. Ese hombre tiene mal *genio.* Estar de buen o mal humor.

GENOMA m. Biol. Conjunto de los genes de una especie contenido en un juego haploide de cromosomas.

GIGA- Prefijo que significa mil millones (10^9) y se emplea para formar nombres de múltiplos de determinadas unidades. *Giga*gramo.

GILBERT (del apellido del físico inglés William Gilbert, 1544-1603) m. Nombre del Gilbertio en la nomenclatura internacional.

GILBERTIO Fís. Unidad de la fuerza magnetomotriz en el sistema CGS de unidades y equivale a 10:4 amperiovueltas.

GNOSIS f. El conocimiento absoluto e intuitivo, especialmente de la divinidad, que pretendían alcanzar los gnósticos. A veces se designa con la palabra gnosticismo.

GOBELINO m. Tapicero de la fábrica que estableció el rey de Francia Luis XIV en la de tejidos fundada por Gobelin. / 2. Tapiz hecho por los gobelinos o imitación suya.

GOMINA f. Fijador del cabello.

GÓNADA f. Glándula sexual masculina o femenina.

GRANÍFUGO, -GA adj. Dícese de cualquier medio o dispositivo que se emplea en el campo para esparcir las nubes tormentosas y evitar las granizadas. Cañón granífugo, cohetería granífuga.

GREMIALISMO m. Tendencia a formar gremios, o al predominio de los gremios. / 2. Doctrina que propugna esta tendencia.

GREMIALISTA adj. Partidario del gremialismo. U.t.c.s. / 2. com. Argent., Chile y Venez. Persona perteneciente a un gremio.

GRIPOSO, -SA adj. Que sufre de gripa. U.t.c.s.

GUANTERO, -RA... / 2. m. y f. Caja del salpicadero de los vehículos automóviles en la que se guardan guantes y otros objetos.

GUARDERÍA... / 3. [enmienda]. Lugar o servicio donde se cuida y atiende a los niños de corta edad.

GUAYABERA f. [enmienda]. Chaquetilla o camisa de hombre, suelta y de tela ligera, cuyas faldas se suelen llevar por encima del pantalón.

GUETO m. Barrio donde vivían o eran obligados a vivir los judíos en algunas ciudades de Italia y de otros países.

HÁBITAT Biol. Habitáculo, habitación o estación de una especie vegetal o animal. / 2. Conjunto local de condiciones geofísicas en que se desarrolla la vida de una especie o de una comunidad animal o vegetal.

HEDÓNICO, -CA adj. Relativo o perteneciente al hedonismo o al hedonista. / 2. Que procura el placer o se relaciona con el placer.

HEDONISTA... / 3. Que procura el placer.

HEDONÍSTICO, -CA adj. Perteneciente o relativo al hedonista o al hedonismo.

HENRIO m. Unidad de inductancia propia y de inductancia mutua en el sistema basado en el metro, el kilogramo, el segundo y el amperio. Equivale a la inductancia de un circuito cerrado en el que una variación uniforme de un amperio por segundo en la intensidad eléctrica produce una fuerza electromotriz inducida de un voltio.

HERCIANO, -NA adj. V. onda herciana. / 2. Perteneciente o relativo a esta clase de ondas.

HERCIO [enmienda]. m. Fís. Unidad de frecuencia. Es la frecuencia de un movimiento vibratorio que ejecuta una vibración cada segundo. Úsase más el kilohercio.

HIDRÁCIDA o HIDRACIDA f. Quím. Cuerpo resultante de la combinación de un ácido orgánico con una amina, empleado en el tratamiento de la tuberculosis.

HIDRÓLOGO, -GA m. y f. Persona que profesa la hidrología o tiene en ella especial conocimiento. / 2. El técnico en aguas de riego.

HIDRONIMIA f. Parte de la toponimia que estudia el origen y significación de los nombres de los ríos, arroyos, lagos, etcétera.

HIDRONÍMICO, -CA adj. Perteneciente o relativo a la hidronimia.

HIDRÓNIMO m. Nombre de río, arroyo, lago, etcétera.

HIDROTERMAL adj. Geol. Dícese de los procesos en que interviene el agua a temperatura superior a la normal.

HIPERFUNCIÓN f. Aumento de la función normal de un órgano. Se aplica especialmente a los órganos glandulares.

HISTORICISMO m. Tendencia intelectual a reducir la realidad humana a su historicidad o condiciones de la realidad histórica.

HISTORIOLOGÍA f. Teoría de la historia, en especial la que estudia la estructura, leyes o condiciones de la realidad histórica.

HOLOGRAFÍA f. Técnica fotográfica basada en el empleo de la luz coherente producida por el láser.

HOLOGRÁFICO, -CA adj. Perteneciente o relativo a la holografía.

HOLOGRAMA m. Placa fotográfica obtenida mediante holografía. / 2. Imagen óptima obtenida mediante holografía.

HOSTELERÍA f. Industria que se ocupa de proporcionar a huéspedes y viajeros alojamiento, comida y otros servicios, mediante pago.

HUMOR... / negro. Humorismo que se ejerce a propósito de cosas que suscitarán, contempladas desde otra perspectiva, piedad, terror, lástima y emociones parecidas.

HUMORISMO m. Manera de enjuiciar, afrontar y comentar las situaciones con cierto distanciamiento ingenioso, burlón y, aunque sea en apariencia, ligero. Linda a veces con la comicidad, la mordacidad y la ironía, sin que se confunda con ellas; y puede manifestarse en la conversación, la literatura y en todas las formas de comunicación y de expresión.

HUMORISTA adj. Dícese del que se expresa o manifiesta con humorismo. / 1 *bis*. Dícese de quien, en sus obras literarias o plásticas, o en sus actuaciones en espectáculos públicos, cultiva el humorismo.

IMPLEMENTO m. Utensilio. U.m. en pl.

IMPOSITOR, -RA adj. Que impone. U.t.c.s.

ÍNCIPIT m. Primeras palabras de un manuscrito o de un impreso.

INCONFORME adj. Que mantiene actitud hostil a lo establecido en el orden político, social, moral, estético, etcétera. U.t.c.s.

INCONFORMIDAD f. Calidad o condición del inconforme.

INCONFORMISTA adj. Partidario del inconformismo.

INDEPENDENTISMO m. En un país que no tiene independencia política, movimiento que la propugna o reclama.

INDUCTANCIA f. Magnitud eléctrica que sirve para caracterizar los circuitos según su aptitud para engendrar corrientes inducidas. / mutua. En dos circuitos es la fuerza electromotriz inducida en uno cualquiera cuando la corriente que circula por el otro varía a razón de un amperio cada segundo. / propia. En un circuito es la fuerza contraelectromotriz inducida cuando la corriente que circula por él varía a razón de un amperio por segundo.

INERCIAL adj. Fís. Perteneciente o relativo a la inercia. / 2. Fís. V. masa inercial.

INESCRUPULOSO, -SA adj. Que carece de escrúpulos. / 2. Dicho o hecho sin escrúpulos.

INEXEQUIBLE adj. No exequible, que no se puede hacer, conseguir o llevar a efecto.

INFORMACIÓN... / 5. Comunic. Comunicación o adquisición de conocimientos que permiten ampliar o precisar los que se poseen sobre una materia determinada.

INFRAHUMANO, -NA adj. Inferior a lo humano. Pasiones *infrahumanas.* Condiciones de vida *infrahumanas.*

ÍNGRIMO, -MA adj. Solo, solitario, abandonado, sin compañía.

ININFLAMABLE adj. Que no se puede inflamar o que no puede arder con llama.

INMOVILISMO m. Tendencia a mantener sin cambios una situación política, social, económica, ideológica, etcétera, establecida.

INMOVILISTA adj. Partidario del inmovilismo. U.t.c.s.

INOCUIDAD f. Innocuidad.

INNOCUIDAD f. Calidad de innocuo.

INNOCUO Que no hace daño.
INSUMIR tr. Econ. Emplear, invertir dinero.
INTERCOMUNICACIÓN f. Comunicación recíproca. / 2. Comunicación telefónica entre las distintas dependencias de un edificio o recinto.
INERCOMUNICADOR m. Aparato destinado a la intercomunicación.
INTERGALÁCTICO, -CA adj Astron. Perteneciente o relativo a los espacios existentes entre las galaxias.
INTERLÍNEA f. 2. Espacio entre dos líneas de un escrito.
INTERLINEADO m. Conjunto de los espacios blancos que hay entre las líneas de un texto manuscrito o impreso.
INTERNACIONALISMO m. Nueva 1a. acep. Doctrina o actitud que antepone la consideración o estima de lo internacional a las de lo puramente nacional. / 2. La 1a. acep. actual.
INTERROGANTE . . . / 3. amb. Pregunta. / 4. Problema no aclarado, incógnita, cuestión dudosa.
INTERVERTEBRAL Adj. Anat. Que está entre dos vértebras.
INTRACELULAR adj. Que está situado u ocurre dentro de una célula o células.
INTRAHISTORIA f. Voz introducida por el escritor don Miguel de Unamuno para designar la vida tradicional que sirve de fondo permanente a la historia cambiante y visible.
INTRAHISTÓRICO, -CA adj. Perteneciente o relativo a la intrahistoria.
INTRAUTERINO, -NA adj. Que está situado u ocurre dentro del útero.
INUNDADO, -DA p.p. de inundar. / 2. m. Mar. Acción y efecto de inundar un tanque, compartimiento o buque.
INVALUABLE adj. Que no se puede valuar como corresponde, inestimable.
INVARIANTE f. Mat. Magnitud o expresión matemática que no cambia de valor al sufrir determinadas transformaciones; por ej., la distancia entre dos puntos de un sólido que se mueve pero que no se deforma.
IONIZANTE p.a. de ionizar. Que ioniza.
IRRELEVANCIA adj. Que carece de importancia o significación.

ISBA f. Vivienda rural de madera, propia de algunos países septentrionales del antiguo continente, y especialmente de Rusia.

ISOTÓPICO, -CA adj. Fís. Perteneciente o relativo a un isótopo.

ISOTROPÍA f. Fís. Calidad de isótropo.

ISÓTROPO, -PA adj. Fís. Dícese del cuerpo que tiene las mismas propiedades en todas direcciones.

ISTMEÑO, -ÑA adj. [enmienda] Natural de un istmo. U.t.c.s. / 2. Perteneciente o relativo a un istmo. / 3. Natural del Istmo de Tehuantepec, región del estado mexicano de Oaxaca; perteneciente o relativo a dicha región. U.t.c.s / 4. Natural del istmo de Panamá; perteneciente o relativo a este istmo. U.t.c.s.

IZADA f. Acción y efecto de izar.

JULIO m. Fís. Unidad de trabajo en el sistema basado en el metro, el kilogramo, el segundo y el amperio. Equivale a diez millones de ergios.

JUPITERIANO, -NA Jupiterino, -na.

JUPITERINO, -NA adj. Perteneciente o relativo al dios mitológico Júpiter.

KILO m. Forma abreviada de kilogramo.

KILOCALORÍA f. Fís. Unidad de calor, equivalente a mil calorías.

KILOPONDIO m. Fís. Kilogramo fuerza.

KINESITERAPIA f. Med. Método terapéutico por medio de movimientos activos o pasivos de todo el cuerpo o de alguna de sus partes.

KLISTRÓN m. Generador de microondas en el que los electrones pasan, con grandes y variadas velocidades, entre dos rejillas muy próximas y llegan a una primera cavidad, o resonador de entrada, en la que forman grupos (oleadas) que se separan unos de otros al recorrer cierta distancia y son reforzados en una segunda cavidad, llamada resonador de salida. / de reflector. Aquel en que, gracias a un electrodo polarizado negativamente que refleja los electrones hacia atrás, permite utilizar una sola cavidad resonante, que hace de resonador de entrada y de salida.

LAMPADARIO m. Candelabro que se sustenta sobre su pie y está provisto en su parte superior de dos o más brazos de los que penden sendas lámparas.

LANZADO, -DA adj. Dícese de lo muy veloz o emprendido con mucho ánimo. / 3. Impetuoso, fogoso, decidido, arrojado.

LATENCIA f. Cualidad o condición de latente.

LATINOAMERICANO, -NA adj. Perteneciente o relativo a los países de América que fueron colonizados por naciones latinas, esto es, por España, Portugal o Francia.

LAVACOCHES m. Persona encargada de limpiar los coches en los garajes y estaciones de servicio.

LENTIFICAR tr. Imprimir lentitud a alguna operación o proceso, disminuir su velocidad.

LENTILLA f. Lente muy pequeña que se adapta por contacto a la córnea del ojo.

LEPERADA f. Dicho o hecho propio del lépero.

LÉPERO, -RA Dícese del individuo soez, ordinario, poco decente.

LÉSBICO, -CA adj. V. amor lésbico. / 2. Perteneciente o relativo al amor lésbico.

LIANA f. Nombre que se aplica a diversas plantas, generalmente sarmentosas, de la selva tropical, que tomando como soporte los árboles, se encaraman sobre ellos hasta alcanzar la parte alta y despejada, donde se ramifican con abundancia; a veces ahogan a las plantas que las sostienen. / 2. Por ex., enredadera o planta trepadora de otros países.

LIDERATO m. Condicion de líder o ejercicio de sus actividades.

LIDERAZGO m. Liderato.

LIGNIFICACIÓN f. Acción y efecto de lignificar o lignificarse.

LIGNIFICAR tr. Bot. Dar contextura de madera. / 2. prnl. Bot. Tomar consistencia de madera; en el proceso de desarrollo de muchas plantas, pasar de la consistencia herbácea a la leñosa.

LIGUERO, -RA adj. Perteneciente o relativo a una liga deportiva. Partido *liguero.* / 2. m. Especie de cinturón o faja estrecha a la que se sujeta el extremo superior de las ligas de las mujeres.

LINCHAR [enmienda] tr. Castigar, usualmente con la muerte, sin proceso y tumultuariamente, a un sospechoso.

LIOFILIZACIÓN f. Acción y efecto de liofilizar.

LIOFILIZADOR, -RA adj. Que liofiliza. U.t.c.s.

LIOFILIZAR tr. Desecar mediante el vacío productos o elementos orgánicos a fin de conservarlos.

LIRICIDAD f. Calidad de lírico.

LOTE... / 6. Conjunto de objetos similares que se agrupan con un fin determinado. Lote de muebles, de libros.

LLANEADOR, -RA adj. Que llanea. U.t.c.s.

LLANEAR intr. Correr con especial facilidad en el llano. / 2. Andar por el llano evitando pendientes.

MADRUGAR... / 3. [enmienda] fig. y fam. Adelantarse o ganar por la mano al que quiere hacer algún daño o agravio.

MAFIA f. Organización clandestina de criminales sicilianos. / 2. Por ext. cualquier organización clandestina de criminales. / 3. P. Rico. Engaño, trampa, ardid.

MAFIOSO, -SA adj. Argent., Chile y Urug. Perteneciente o relativo a la mafia. Dicho de personas. U.t.c.s.

MAGNESIOTERMIA f. Técnica para obtener un metal mediante reducción de un compuesto del mismo, con empleo de magnesio y consiguiente elevación de temperatura.

MALENTENDER tr. Entender o interpretar equivocadamente.

MALENTENDIDO m. Mala interpretación, equivocación o desacuerdo en el entendimiento de una cosa.

MANCUERNA... / 5. Méx., Amér. Central y Venez. Cada uno de los gemelos de los puños de la camisa.

MANGANCIA f. fam. Conducta o acción propia de un mangante.

MANICURISTA com. Ant., Col., Méx. (Yucatán) y Pan. Manicuro o manicura.

MANTENIDA f. Concubina, amante.

MAQUINIZACIÓN f. Acción y efecto de maquinizar.

MAQUINIZAR tr. Emplear en la producción industrial, agrícola, etcétera, máquinas que sustituyen o mejoran el trabajo del hombre.

MARATÓN m. Carrera pedestre de resistencia practicada por deporte en una longitud que ha variado entre los cuarenta y los cincuenta y dos kilómetros setecientos cincuenta metros. Hoy está fijado en cuarenta y dos kilómetros ciento noventa y cinco metros. / Por ex., designa algunas otras competiciones deportivas de resistencia.

MARCAJE m. Acción y efecto de marcar a un jugador del equipo contrario.

MAREAL adj. Perteneciente o relativo a las mareas. Hipótesis *mareal*.

MARGINAR... / 3. fig. Dejar al margen a una persona o cosa, preterirla, prescindir o hacer caso omiso de ella.

MARIGUANA o MARIHUANA f. En México, otros países americanos y también en España, nombre del cáñamo índico, cuyas hojas, fumadas como el tabaco, producen terrible efecto narcótico.

MAROMA... / 4. fig. Voltereta política, cambio oportunista de opinión o partido.

MARQUEO m. Operación de marcar los árboles.

MASA... / en masa. loc. adv. En conjunto, totalmente, con intervención de todos o casi todos los componentes de una colectividad. U.t.c. loc. adj.

MASIVO... / 3. Perteneciente o relativo a las masas humanas; hecho por ellas. Emigración *masiva*; ataque *masivo*; manifestación *masiva*.

MASTOZOOLOGÍA f. Parte de la zoología que trata de los mamíferos.

MATERIALIZAR... / 3. Realizar, efectuar una cosa.

MAXIMIZAR tr. Mat. Buscar el máximo de una función.

MAXVELIO m. Fís. Unidad de flujo de inducción magnética en el sistema magnético cegesimal.

MAXWELL m. Fís. Nombre del maxvelio en la nomenclatura internacional.

MAYORITARIO, -RA adj. Perteneciente o relativo a la mayoría.

MECANIZADO, -DA p.p. de mecanizar. / 2. m. Proceso de elaboración mecánica.

MEGAFONÍA f. Técnica que se ocupa de los aparatos e instalaciones precisos para aumentar el volumen del sonido. / 2. Conjunto de micrófonos, altavoces y otros aparatos que, debidamente coordinados, aumentan el volumen del sonido de un lugar de gran concurrencia.

MEGÁFONO m. Artefacto usado para reforzar la voz cuando hay que hablar a gran distancia.

MEGATÓN m. Unidad empleada para comparar la fuerza explosiva de las bombas atómicas, y equivalente a la de un millón de toneladas de trilita.

MEJOR... / a lo mejor. loc. adv. fam. con que se anuncia la incertidumbre o posibilidad de algo. *A lo mejor* fue otro el *motivo. A lo mejor* me voy de madrugada.

MELIORATIVO, -VA adj. Que mejora. Dícese principalmente de concepciones o estimaciones morales.

MENDA pron. pers. Germ. y fam. El que habla. U. con el verbo en 3a. persona. / 2. pron. indet. Uno, uno cualquiera.

MENSAJE... / 4. Comunic. Conjunto de señales, signos o símbolos que son objeto de una comunicación. / 5. Comunic. Contenido de esta comunicación.

MERCADOTECNIA f. Com. Técnica del mercado.

MERODEAR... / 13. Por extensión, vagar por las inmediaciones de algún lugar, en general con malos fines.

METÁLICO... / 6. m. Dinero en general.

METEOROLOGISTA com. [enmienda] Meteorólogo.

METEORÓLOGO [enmienda] -GA m. y f. Persona que profesa la meteorología o tiene en ella especiales conocimientos.

METIDA f. Acción y efecto de meter. / 5. fig. Impulso o avance que se da a una tarea.

MEXICANISMO m. mejicanismo. La x se pronuncia como j.

MEXICANO, -NA adj. Mejicano, -na. La x se pronuncia como j.

MICROBIÓLOGO, -GA m. y f. Persona que profesa la microbiología o tiene en ella especiales conocimientos.

MICROFILMACIÓN f. Acción y efecto de microfilmar.

MICROFILMADOR, -RA adj. Que microfilma. / 2. Máquina para microfilmar.

MICROFILMAR tr. Reproducir en microfilme una imagen o figura, y especialmente manuscritos o impresos.

MICROFILME m. Película que se usa principalmente para fijar en ella, en tamaño reducido, imágenes de impresos, manuscritos, etcétera, de modo que permita ampliarlas después en proyección o fotografía.

MICROSCOPÍA f. Construcción y empleo del microscopio. / 2. Conjunto de métodos para la investigación por medio del microscopio.

MIGRATORIO, -RIA adj. Que emigra. / 2. Perteneciente o relativo a la migración o emigración de personas. / 3. Perteneciente o relativo a los viajes periódicos de ciertos animales. / 4. Perteneciente o relativo a estos animales.

MIMEOGRAFÍA f. Acción y efecto de mimeografiar. / 2. Copia mimeográfiada.

MIMEOGRAFIADO, -DA p.p. de mimeografiar. / 2. m. Acción y efecto de mimeografiar, mimeografía.

MIMEOGRAFIAR tr. Reproducir en copias por medio del mimeógrafo.

MIMEÓGRAFO m. Aparato que reproduce textos o figuras grabados en una lámina de papel especial, a través de cuyas incisiones pasa tinta mediante la presión de un cilindro metálico.

MISIL m. Nombre que se aplica a las cabezas o cápsulas de los cohetes militares o espaciales.

MISMIDAD f. Filos. Condición de ser uno mismo. / Filos. Aquello por lo cual se es uno mismo. / 3. Filos. La identidad personal.

MISTIFICACIÓN f. Acción y efecto de mistificar.

MISTIFICADOR, -RA adj. Que mistifica. U.t.c.s.

MISTIFICAR tr . Engañar, embaucar. / 2. Falsear. Falsificar, deformar.

MNEMÓNICO, -CA adj. Perteneciente o relativo a la memoria.

MODERADOR... / 3. Presidente de una reunión o asamblea en las iglesias protestantes. / 4. Persona que preside o dirige un debate, asamblea, mesa redonda, etcétera.

MOLÉCULA... / gramo. Cantidad de una sustancia química cuyo peso es su peso molecular expresado en gramos.

MONOCORDE adj. Dícese del instrumento musical que tiene una cuerda. / 2. Por ext., se dice del grito, canto u otra sucesión de sonidos que repiten una misma nota. / 3. Por ext., monótono, insistente, sin variaciones.

MONOCROMÁTICO, -CA adj. De un solo color, monocromo.

MONOPOLIO... [enmienda a la 1a. acep.] m. Concesión otorgada por la autoridad competente a alguna empresa para que ésta aproveche con carácter exclusivo alguna industria o comercio. 3. En ciertos casos, acaparamiento.

MONOPSONIO m. Econ. Situación comercial en que hay un solo comprador para determinado producto o servicio.

MORAL... / 7. Ánimos, arrestos.

MOTORIZACIÓN f. Acción y efecto de motorizar.

MOVIMIENTO... / 6. *bis*. Desarrollo y propagación de una tendencia religiosa, política, social, estética, etcétera, de carácter innovador. El movimiento de Oxford; el movimiento socialista; el movimiento romántico.

MUESTREO m. Acción de escoger muestras representativas de la calidad o condiciones medias de un todo. / 2. Técnica empleada para esta selección.

MULTICOPIADO, -DA p.p. de multicopiar. / 2. m. Acción y efecto de multicopiar.

MULTICOPIAR tr. Reproducir en copias por medio de un aparato multicopista.

MUSICANTE adj. Que toca un instrumento músico.

MUTACIÓN... / 4. [enmienda] Biol. Cualquiera de las alteraciones producidas en la estructura o en el número de los genes o de los cromosomas de un organismo vivo, que se transmiten a los descendientes por herencia. / 5. Biol. Genotipo producido por aquellas alteraciones.

MUTANTE p.a. de mutar. Que muta. / 2. Biol. Nuevo gen, cromosoma o genoma que ha surgido por mutación de otro preexistente. / 3. Biol. Organismo producido por mutación.

MUTAR tr. Mudar, transformar. U.t.c. prnl. / 2. Mudar, remover o apartar de un puesto o empleo.

NAHUA adj. Dícese del individuo de un antiguo pueblo indio que habita en la altiplanicie mexicana y la parte de la América Central antes de la conquista de estos países por los españoles, y que alcanzó alto grado de civilización. U.t.c.s.

NAHUATLISMo m. Giro o modo de hablar propio y privativo de la lengua nahua. / 2. Vocablo, giro o elemento fonético de esta lengua empleado en otra.

NANO- Elemento compositivo inicial de nombres que significan la milmillonésima parte de las respectivas unidades, *nano*gramo, *nano*segundo.

NANÓMETRO m. Medida de longitud; es la milmillonésima parte del metro.

NEBULAR adj. Perteneciente o relativo a las nebulosas. Hipótesis nebular, anillo nebular.

NEFELOMETRÍA f. Procedimiento de análisis químico y bacteriológico que se vale del nefelómetro.

NEFELÓMETRO m. Instrumento para medir la turbidez de un fluido o para determinar la concentración y tamaño de las partículas en suspensión por medio de la luz que difunden en un tubo.

NEGATIVO... / 2. *bis*. Dícese de la imágenes fotográficas, radiográficas, etcétera, que ofrecen invertidos los claros y oscuros, o los colores complementarios, de aquello que reproducen. U.t.c.s.

NEGRO, NEGRA... / 4. m. El que hace trabajos literarios que firma otro; el que trabaja anónimamente para lucimiento y provecho de otro.

NEOLECTOR, -RA m. y f. Persona alfabetizada recientemente.

NEUMOLOGÍA f. Med. Estudio o tratado de las enfermedades de los pulmones o de las vías respiratorias en general.

NEUTONIO m. Fís. Unidad de fuerza en el sistema basado en el metro, el kilogramo, el segundo y el amperio. Equivale a cien mil dinas.

NEWTON [enmienda] m. Fís. Nombre del neutonio en la nomenclatura internacional.

NEUTRÓNICO, -CA adj. Fís. Perteneciente o relativo al neutrón.

NIHILIDAD f. Condición de no ser nada.

NOCTURNIDAD. . . [Nueva acep. 1a.] Calidad o condición de nocturno. / 2. Bot. y Zool. Condición de los animales y vegetales nocturnos. / 3. La 1a. acep. actual.

NOTICIARIO. . . / 2. Audición de radio o de televisión en la que se trasmiten noticias. / 3. Sección de un periódico en la que se dan noticias diversas, generalmente breves.

NÚMERO. . . / redondo. El que con unidades completas de cierto orden expresa una cantidad con aproximación y no exactamente.

NUMEROSO, -SA. . . / 3. pl. Muchos. U.m. ante s.

OBLITERANTE p.a. de obliterar. Que oblitera. U.t.c. adj.

OBSESIÓN. . . [Enmienda] f. Perturbación anímica producida por una idea fija. / 2. Idea que con tenaz persistencia asalta la mente.

OBSOLESCENCIA f. Calidad o condición de obsolescente.

OBSOLESCENTE adj. Que está volviéndose obsoleto, que está cayendo en desuso.

OBSTÉTRICO, -CA adj. Perteneciente o relativo a la obstetricia.

ODONTÓLOGO, -GA m. y f. Persona que profesa o ejerce la odontología.

OERSTEDIO m. Fís. Unidad de excitación magnética o poder imanador en el sistema magnético cegesimal.

OERSTED m. Fís. Nombre del oerstedio en la nomenclatura internacional.

OFICIALIZAR tr. Dar carácter o validez oficial a lo que antes no lo tenía.

OHMIO m. Fís. Unidad de resistencia eléctrica en el sistema basado en el metro, el kilogramo, el segundo y el amperio. Es la resistencia eléctrica que da paso a una corriente de un amperio cuando entre sus extremos existe una diferencia de potencial de un voltio.

OHM m. Nombre del ohmio, en la nomenclatura internacional.

OLIGO- Elemento compositivo que, antepuesto a otro, entra en formación de algunas palabras españolas con el significado de "poco" o "suficiente". *Oligo*polio, *oligo*frenia.

OLIGOPOLIO m. Econ. Aprovechamiento de alguna industria o comercio por reducido número de empresas.

OLIGOPSONIO m. Econ. Situación comercial en que es muy reducido el número de compradores de determinado producto o servicio.

-OMA [adición]. . . Elemento compositivo que entra pospuesto en la formación de algunas voces con el significado de "tumor" [adición]... o de otras alteraciones patológicas. Epiteli*oma*, fibr*oma*, ater*oma*, glauc*oma*.

ONCOLÓGICO, -CA adj. Perteneciente o relativo a la oncología.

ONCÓLOGO, -GA m. y f. Persona que profesa la oncología o tiene en ella especiales conocimientos.

OPALIZAR tr. Dar a alguna cosa color opalino.

OPERACIONAL adj. Relativo a las operaciones y especialmente a las militares. / 2. Perteneciente o relativo a la realización de operaciones matemáticas.

OPTIMACIÓN f. Acción y efecto de optimar. / 2. Método matemático para determinar los valores de las variables que hacen máximo el rendimiento de un proceso o sistema.

OPTIMAR tr. Buscar la mejor manera de realizar una actividad.

OPTIMIZAR tr. Optimar.

ORFISMO m. Religión de misterios de la antigua Grecia, cuya fundación se atribuía a Orfeo. Caracterizábanla principalmente la creencia en la vida de ultratumba y en la metempsicosis, así como el peculiar régimen de vida a que habían de someterse los que en ella se iniciaban.

ORGANIGRAMA m. Sinopsis o esquema de la organización de una entidad, de una empresa o de una tarea.

ORONIMIA. f. Parte de la toponimia que estudia el origen y significación de los oronimos.

ORONÍMICO, -CA adj. Perteneciente o relativo a la oronimia.

ORONIMO m. Nombre de cordillera, montaña, colina, etcétera.

ORQUESTINA f. Orquesta de pocos y variados instrumentos dedicada por lo general a ejecutar música moderna bailable.

OSTENSORIO m. Custodia que se emplea para la exposición del Santísimo en el interior de las iglesias o para ser conducida procesionalmente a manos del sacerdote. / 2. Parte superior de la custodia, donde se coloca el viril.

OSTEÓLOGO, -GA m. y f. Especialista en las enfermedades de los huesos.

OTOÑAL. . . / 3. fig. Aplícase a personas de edad madura.

OXIACETILÉNICO, -CA adj. Perteneciente o relativo a la mezcla de oxígeno y acetileno. Dícese de los sopletes que emplean dicha mezcla.

OXICORTE m. Técnica de cortar metales con soplete oxiacetilénico.

PADROTE m. Amér. Central, Col., Pan., P. Rico y Venez. Macho destinado en el ganado para la generación y procreación. (Ahora, ya sabe usted por qué. . .)

PALABRERÍO m. Palabrería.

PALACIAL adj. Perteneciente o relativo al palacio.

PALATABILIDAD f. Cualidad de ser grato al paladar un alimento.

PALETERO, -RA m. y f. Méx. y Nicar. Persona que fabrica o vende paletas de dulce o helado.

PÁLPITO m. Presentimiento, corazonada.

PANCARTA... / 2. Cartelón de tela, cartón, etcétera, que, sostenido adecuadamente en una o varias pértigas, se exhibe en reuniones públicas, y contiene letreros de grandes caracteres, con lemas, expresiones de deseos colectivos, peticiones, etcétera.

PANEL m. P. Rico. Lista de jurados. / 2. Grupo de personas que discuten un asunto en público.

PARPADEAR... / 2. Vacilar u oscilar la luminosidad de un cuerpo o de una imagen, titilar.

PARPADEO [enmienda] m. Acción y efecto de abrir y cerrar repetidamente los párpados. / 2. Vacilación de la luminosidad.

PARTICULARIZACIÓN f. Acción y efecto de particularizar.

PATENCIA f. Cualidad o condición de patente o manifiesto.

PATINAR... / Fig. y fam. Perder la buena dirección o eficacia en lo que se está haciendo o diciendo, errar, equivocarse.

PATRÓN... / oro. Sistema monetario basado en la equivalencia establecida por ley, a tipo fijo, entre una moneda y una cantidad de oro de determinada calidad.

PEDIGRÍ m. Genealogía de un animal. / 2. Documento en que consta.

PELIDURO, -RA adj. Que tiene duro el pelo. Se aplica especialmente a determinadas razas caninas.

PER CÁPITA fr. adv. lat. Por cabeza, individualmente.

PERENNIFOLIO, -LIA adj. Dícese de los árboles y plantas que conservan su follaje todo el año.

PERMISIONARIO, -RIA adj. Que disfruta permiso. U.t.c.s.

PERMISIVIDAD f. Condición de permisivo. / 2. Fís. En el campo eléctrico, cociente de dividir la inducción por la intensidad.

PERMISIVO, -VA [enmienda] adj. Que permite o consiente.

PERSONACIÓN f. Acción y efecto de personarse o comparecer en un lugar. / 2. For. Acto de comparecer formalmente como parte en un juicio.

PERSUASORIO, -RIA adj. Persuasivo.

PETROLEAR tr. Pulverizar con petróleo alguna cosa. / 2. Bañar en petróleo alguna cosa. / 3. intr. Abastecerse de petróleo un buque.

PETROLEOQUÍMICO, -CA adj. Dícese de la industria que utiliza el petróleo o el gas natural como materias primas para la obtención de productos químicos.

PICO- Elemento compositivo inicial de nombres que significan la billonésima parte (10^{-12}) de las respectivas unidades. *Pico*faradio, *pico*gramo.

PIMPAMPUM m. Juego en que se procura derribar a pelotazos muñecos puestos en fila.

PIMPANTE adj. Rozagante, garboso.

PINNA f. p. u. Bot. En las hojas compuestas, foliolo.

PINNADO, -DA adj. Bot. Dícese de la hoja compuesta de hojuelas insertas a uno y otro lado del pecíolo, como las barbas de una pluma.

PISCÍCOLA adj. Perteneciente o relativo a la piscicultura.

PLACEBO m. Med. Sustancia que, careciendo por sí misma de acción terapéutica, produce algún efecto curativo en el enfermo, si éste la recibe convencido de que esa sustancia posee realmente tal acción.

PLAGUICIDA adj. Dícese del agente que combate las plagas del campo. U.t.c.s.

PLANEAR... / 2. [enmienda]. Hacer planes o proyectos.

PLANIFICACIÓN... / 2. Plan general, científicamente organizado y con frecuencia de gran amplitud, para obtener un objetivo determinado, tal como el desarrollo económico, la investigación científica, el funcionamiento de una industria, etcétera.

POEMARIO m. Conjunto o colección de poemas.

POLARIZAR / 4. Concentrar la atención o el ánimo en una cosa.

POLIFACÉTICO, -CA adj. Que ofrece varias facetas o aspectos. / 2. Por ext., se aplica a las personas de variada condición o de múltiples aptitudes.

POLIMERIZACIÓN f. Reacción química en la que dos o más moléculas se combinan para formar otra en la que se repiten unidades estructurales de las primitivas y su misma composición porcentual cuando éstas son iguales.

POLÍMERO m. Compuesto químico, natural o sintético, formado por polimerización y que consiste esencialmente de unidades estructurales repetidas.

POLUCIÓN. .. / 2. Acto carnal deshonesto. / 3. Hablando del agua, del aire, etcétera, impurificación, contaminación. / 4. En sentido moral, corrupción, profanación.

PORCENTUAL adj. Dícese de la composición, distribución, etcétera, calculadas o expresadas en tantos por ciento.

PORCICULTOR, -RA m. y f. Persona que se dedica a la porcicultura.

PORCICULTURA f. Arte de criar cerdos.

POSBÉLICO, -CA adj. Posterior a una guerra.

PRACTICAR... / 4. Ejecutar, hacer, llevar a cabo. *Practicar* diligencias, *practicar* una operación quirúrgica, *practicar* un orificio.

PREDAR tr. ant. Prear, apresar, saquear, robar.

PREDATORIO, -RIA adj. Propio del que roba o saquea.

PREHISPÁNICO, -CA adj. Dícese de la América anterior a la conquista y colonización españolas, y de sus pueblos, lenguas y civilizaciones.

PREMONICIÓN f. Presentimiento, presagio, advertencia moral.

PREMONITOR, -RA adj. Que anuncia o presagia.

PREMONITORIO, -RIA adj. Premonitor. / 2. Que tiene carácter de premonición o advertencia moral.

PRENDEDOR... / 4. Broche que las mujeres usan como adormo o para sujetar el vestido, pañoleta, etcétera.

PRERROMANO, -NA adj. Anterior al dominio o civilización de los antiguos romanos.

PRESENIL adj. Med. Dícese de los estados o fenómenos de apariencia senil, pero ocurridos antes de la senectud.

PRESTACIÓN... / social. Cada uno de los servicios que el Estado, instituciones publicas o empresas privadas deben dar a sus empleados.

PRESTIGIO... / 4. Realce, estimación, renombre, buen crédito.

PRETENCIOSO, -SA adj. Presuntuoso; que pretende ser más de lo que es.

PREUNIVERSITARIO, -RIA adj. Dícese de las enseñanzas preparatorias para el ingreso en la universidad, y particularmente de un curso complementario del bachillerato. U.t.c.s.m.

PREVIDENCIA f. Calidad o condición de previdente. / 2. Visión o conocimiento anticipados.

PREVIDENTE adj. Que ve o conoce con anticipación.

PRIMERO, -RA... / 3 *bis.* Con referencia a una serie de términos ya mencionados en el discurso, dícese del que lo ha sido antes que el otro u otros.

PRIMITIVO, -VA / 1 *bis.* Dícese de los pueblos aborígenes o de civilización poco desarrollada, así como de los individuos que los componen. / 1. term. Rudimentario, elemental, tosco.

PRODUCTIVIDAD... / 2. Capacidad o grado de producción por unidad de trabajo, superficie de tierra cultivada, equipo industrial, etcétera.

PRO FORMA loc. lat. Para cumplir una formalidad. U. hablando de liquidaciones, facturas, recibos, etcétera, que se emplean para justificar operaciones posteriores a la fecha de los estados de cuenta en que figuran.

PROGROMO m. Matanza y robo de gente indefensa por una multitud enfurecida; en especial, asalto a las juderías con matanza de habitantes suyos.

PROMOCIÓN... / 3. Elevación o mejora de las condiciones de vida, de productividad, intelectuales, etcétera.

PROSELITISTA adj. Celoso de ganar prosélitos.

PROSPECCIÓN... / 2. Exploración de posibilidades futuras basadas en indicios presentes. Prospección de mercados, de tendencias de opinión, etcétera. / 3. Cuba. Med. Reconocimiento general que se hace para descubrir enfermedades latentes o incipientes.

PROSPECTAR tr. Realizar prospecciones en un terreno, explorar sus yacimientos minerales.

PROTOPLANETA m. Planeta recién formado.

PROTOSOL m. Masa cósmica que dio origen a un sistema planetario.

PROVINCIALISMO m. Condición de provinciano. / 2. Estrechez de espíritu y apego excesivo a la mentalidad o costumbres particulares de una provincia o sociedad cualquiera, con exclusión de las demás.

PROYECTAR... / 3 *bis.* Formar sobre una pantalla la imagen óptica amplificada de diapositivas, películas u objetos opacos.

PUBLICIDAD.../ 3. Divulgación de noticias o anuncios de carácter comercial para atraer a posibles compradores, espectadores, usuarios, etcétera.

PUENTE... / aéreo. Servicio intenso de transportes por avión, que se establece con el fin de abastecer o evacuar un lugar que ha quedado inaccesible por vía terrestre.

PUNTEAR.../ 2 *bis.* Trazar la trayectona de un móvil a partir de algunos de sus puntos.

PUNTO NEURÁLGICO... / 2. fig. Parte de un asunto especialmente delicado, importante y difícil de tratar. (Probablemente sea la semejanza de sonidos la causa de que se diga común e indebidamente: punto álgido; álgido = frío.)

QUIESCENCIA f. Calidad de quiescente.....

QUIESCENTE Que está quieto pudiendo tener movimiento propio.

RAD m. Unidad de dosis absorbida de radiación ionizante. Equivale a la energía de cien ergios por gramo de materia irradiada.

RADIO... / de acción... / 2. Distancia máxima que un vehículo marítimo, aéreo o terrestre puede cubrir regresando al lugar de partida sin reportarse.

RADIOCOMUNICACIÓN f. Telecomumcación realizada por medio de las ondas radioeléctricas.

RADIOLÓGICO, -CA adj. Perteneciente o relativo a la radiología.

RADIOTELEFONISTA com. Persona que se ocupa en el servicio de instalaciones de radiotelefonía.

RADIOTELEGRAMA m. Telegrama cuyo origen o destino es una estación móvil, transmitido en todo o parte de su recorrido, por las vías de radiocomunicación.

RASCAR... / 4. Producir sonido estridente al tocar con el arco un instrumento de cuerda.

RATA^2 f. Parte proporcional. / 2. Fís. Variación por mitad de tiempo. / 3. Col. y Pan. porcentaje. / por cantidad. loc. adv. Mediante prorrateo. (Ya lo sabe: rata no es anglicismo sino latinismo.)

RATÍMETRO m. En radiología, aparato que mide la rata o velocidad de dosis.

REACTOR ... / 2. Motor de reacción. / 3. Avión que usa motor e reacción.

REAJUSTAR tr. Volver a ajustar, ajustar de nuevo. / 2. Por eufemismo, hablando de precios. salarios, impuestos, etcétera, aumentar su cuantía, subirlos.

REAJUSTE m. Acción y efecto de reajustar.

RECAUCHADO m. Acción y efecto de recauchar.

RECAUCHAR tr. Volver a cubrir de caucho una llanta o cubierta desgastada.

RECAUCHUTADO m. Acción y efecto de recauchutar.

RECAUCHUTAR tr. Recauchar.

RECORDATORIO, -RIA adj. Dícese de lo que sirve para recordar. / 3. Tarjeta o impreso breve en que con fines religiosos se recuerda la fecha de la primera comunión, votos, fallecimiento, etcétera, de una persona.

RECTIFICAR... / 2 *bis*. Contradecir a otro en lo que ha dicho, por considerarlo erróneo.

RECUADRO... / 2. En los periódicos, espacio encerrado por líneas para hacer resaltar una noticia.

RECURSO... / 5 *bis*. pl. Elementos de que una colectividad puede echar mano para acudir a una necesidad o llevar a cabo una empresa. Recursos naturales, hidráulicos, forestales, económicos, humanos, etcétera. / de amparo. / For. Recurso contra resoluciones sindicales por causa de lesión económica a afiliado sindical. Entiende de este recurso un tribunal del mismo nombre.

RECHAZO m. Acción y efecto de rechazar.

REDONDEAR. . . / 2 *bis*. Hablando de cantidades, prescindir de fracciones para completar unidades de cierto orden.

REDONDEO m. Acción y efecto de redondear.

REENCONTRAR tr. Encontrar de nuevo, dar de nuevo con una persona o cosa. U.t.c. prnl.

REFRIGERADOR, -RA. . . / 2. m. y f. Nevera, armario con refrigeración, eléctrica o química para guardar alimentos.

REFUGIO... / 4. Zona situada dentro de la calzada, reservada para los peatones y convenientemente protegida del tránsito rodado.

REGLAMENTISTA adj. Dícese de la persona celosa de cumplir y hacer cumplir con rigor los reglamentos.

REGULABLE adj. Que puede ser regulado.

RELAJACIÓN. . . / 3. Fís. Nombre genérico que sirve para designar aquellos fenómenos en los que es necesario un tiempo perceptible para que un sistema reaccione ante cambios bruscos de las condiciones físicas a que está sometido. / 4. Metal. Pérdida de tensiones que sufre un material que ha estado sometido a una deformación constante.

RELAJADO, -DA p.p. de relajar. / 2. adj. Pan. Propenso a tomar las cosas por su lado burlesco y chistoso.

RELAJO m. Desorden, falta de seriedad, barullo. / 2. Holganza, laxitud en el cumplimiento de las normas. / 3. Degradación de costumbres.

RELÁMPAGO. . . / 5 *bis*. Úsase en oposición para denotar la rapidez, carácter repentino o brevedad de alguna cosa. Guerra *relámpago*, ministerio *relámpago*, cierre *relámpago*.

RELATOR, -RA..., / 4. m. y f. Persona que en un congreso o asamblea hace relación de los asuntos tratados, así como de las deliberaciones y acuerdos correspondientes.

RELEVANCIA f. Calidad o condición de relevante, importancia, significación.

RELEVANTE. . . / 2. Importante, significativo.

REMACHAR. . . 2 *bis*. Sujetar con remaches.

REMONTAR. . . / 4 *bis*. Subir una pendiente, sobrepasarla. / 4 ter. Navegar aguas arriba en una corriente. / 4 *quater*. fig. Superar algún obstáculo o dificultad.

RENTABILIDAD... / 2. Capacidad de rentar.

RENTABLE adj. [enmienda] Que produce renta suficiente o remuneradora.

REPUESTO. . . / 3 *bis*. Pieza o parte de un mecanismo que se tiene dispuesta para sustituir a otra, recambio.

RESEÑADOR, -RA m. y f. Persona que reseña una obra literaria o científica.

RESEÑAR. . . / 2. [enmienda] Examinar algún libro u obra literaria o científica y dar noticia de ello.

RESIDENCIAL. . . / 2. [enmienda] Dícese de la parte de una ciudad destinada principalmente a viviendas, donde por lo general residen las clases más acomodadas, a diferencia de los barrios populares, industriales y comerciales, etcétera.

RETROACCIÓN... / 2. Biol. y Pis. Acción que el resultado de un proceso material ejerce sobre el sistema de que procede, de tal manera que la actividad de éste queda regulada en cuanto a la producción de aquel resultado.

RETROCUENTA f. Acción de contar de número mayor a menor (se suele decir "conteo en reversa").

REVERBERAR [enmienda] intr. Reflejarse la luz en una superficie bruñida o el sonido en una superficie que no lo absorba.

REVERSO, -SA... / 5. m. y f. Col. Marcha atrás en los vehículos automóviles, dispositivo para hacer que marchen hacia atrás.

REVIVISCENCIA f. Acción y efecto de revivir.

RINOFARINGE f. Porción de la faringe contigua a las fosas nasales.

ROBINSÓN m. fig. Hombre que en la soledad y sin ayuda ajena llega a bastarse a sí mismo.

ROBINSONIANO, -NA adj. Perteneciente o relativo al héroe novelesco Robinsón Crusoe, o propio de él. / 2. Perteneciente o relativo a un robinsón, o propio de él.

ROBOT m. Ingenio electrónico que puede ejecutar automáticamente operaciones o movimientos muy varios. / 2. Autómata.

RADAR... / 6 bis. tr. Hacer que rueden ciertas cosas. Rodar un aro, rodar un tonel. / 6. ter. Hacer que un automóvil marche sin rebasar las velocidades prescritas por el constructor para el rodaje.

ROENTGEN m. Nombre del roentgenio en la nomenclatura internacional.

ROENTGENIO m. Pis. y Med. Unidad electrostática cegesimal de poder ionizante en relación con el aire. Se emplea en las aplicaciones terapéuticas de los rayos X.

ROSTICERÍA f. Méx. y Nicar. Establecimiento donde se asan y se venden carnes.

RÓTULO... / 1 bis. Letrero o inscripción con que se indica o da a conocer el contenido, objeto o destino de una cosa, o la dirección a que se envía.

SABOTAJE [enmienda] Daño o deterioro que en la maquinaria, productos, etcétera, se hace como procedimiento de lucha contra los patrones, contra el Estado o contra las fuerzas de ocupación en conflictos sociales o políticos. / 2. fig. Oposición u obstrucción disimulada contra proyectos, órdenes, decisiones, ideas, etcétera.

SACCIFORME adj. Anat. Que tiene forma de saco.

SALARIAL adj. Perteneciente o relativo al salario.

SALMÓN / 2. adj. Dícese de lo que es de color rojizo como el de la carne de este pez.

SALVAGUARDAR tr. Defender, amparar, proteger.

SAMOVAR m. Recipiente de origen ruso, provisto de un tubo interior donde se ponen carbones. Úsase para calentar el agua del té.

SECADOR m. Aparato para secar el cabello.

SECESIONISMO m. Tendencia u opinión que tiende a favorecer a la secesión política.

SECRETARIADO m. Secretaría, destino o cargo de secretario. / 2. Carrera o profesión de secretario o secretaria. / 3. Secretaría u oficina donde despacha el secretario. / 4. Cuerpo o conjunto de secretarios.

SECRETARIAL adj. Perteneeiente o relativo a la profesión o cargo de secretario.

SECUENCIAL adj. Perteneciente o relativo a la secueneia.

SECUOYA f. Género de árboles pertenecientes a las coníferas de la familia de las taxodiáceas, con dos especies de América del Norte, bastante difundidas en nuestros parques y arboretos; ambas son célebres por sus grandes dimensiones y majestuoso porte: una de ellas es la velintonia; la otra, mucho más abundante en las montañas de la costa occidental de Estados Unidos, donde la llaman árbol mamut.

SEDANCIA f. Calidad de sedante.

SEGUIR... / 1 *bis.* Dirigir la vista hacia un objeto que se mueve y mantener la visión de él.

SEGURAMENTE... / 2. Probablemente, acaso.

SEMIFINALISTA adj. Que contiende en la semifinal de una competición o concurso. U.t.c.s.

SEMINTERNADO m. Media pensión, medio internado: régimen educativo en que los escolares pasan el día y hacen alguna de sus comidas en un centro de enseñanza, pero no duermen en él. / 2. Establecimiento docente con régimen de seminternado.

SEMPERVIRENTE adj. Dícese de la vegetación cuyo follaje se conserva verde todo el año.

SEMPITERNO, -NA [enmienda]. Que duran siempre; dícese de lo que, habiendo tenido principio, no tendrá fin.

SEÑORITISMO m. Actitud social de inferior señorío, tendente a la ociosidad y a la presunción.

SERVO- Mec. Elemento compositivo que entra en la formación de algunas palabras españolas con las que se designan mecanismos o sistemas auxiliares.

SERVO m. Abreviatura de *servomecanismo*. / Abreviatura de servomotor.

SERVOFRENO m. Mec. Freno cuya acción es amplificada por un dispositivo eléctrico o mecánico.

SERVOMECANISMO m. Sistema electromecánico que se regula por sí mismo al detectar el error o la diferencia entre su propia actuación real y la deseada.

SERVOMOTOR [enmienda]. . . / 2. Mec. Sistema electromecánico que amplifica la potencia reguladora.

SEXO. . . /. Órganos sexuales.

SEXOLOGÍA f. Disciplina científica que estudia el sexo y los modos de conducta con él relacionados.

SEXÓLOGO, -GA m. y f. Persona experta en sexología.

SIEMENS m. Fís. Nombre del siemensio en la nomenclatura internacional.

SIEMENSIO m. Fís. Unidad de conductancia en el sistema basado en el metro, el kilogramo, el segundo y el amperio.

SIFILOMA m. Goma sifilítica, tumor de este origen.

SIMBOLOGÍA f. Estudio de los símbolos. / 2. Conjunto o sistema de símbolos.

SINAPSIS f. Relación funcional de contacto entre las terminaciones de las células nerviosas.

SINCLINAL adj. Geol. Dícese del plegamiento de las capas del terreno en forma de V. U.t.c.s.

SISTÉMICO, -CA adj. Perteneciente o relativo a la totalidad de un sistema; general, por oposición a local. / 2. Med. Perteneciente o relativo a la circulación general de la sangre.

SOBREPASAR tr. Rebasar un límite, exceder de él. / 2. Superar, aventajar.

SOBREVOLAR tr. Volar sobre un lugar, ciudad, territorio, etcétera.

SOCIEDAD... / de responsabilidad limitada. La formada por reducido número de socios con derechos en proporción a las aportaciones de capital y en que sólo se responde de las deudas por la cuantía del capital social.

SOCORRIDO, -DA... / 4. Dícese de los recursos que fácilmente y con frecuencia sirven para resolver una dificultad.

SOCORRISMO m. Organización y adiestramiento para prestar socorro en caso de accidente.

SOCORRISTA com. Persona especialmente adiestrada para prestar socorro en caso de accidente.

SOLIPSISMO m. Forma radical de subjetivismo según la cual sólo existe o sólo puede ser conocido el propio yo.

SOMA m. Med. La totalidad de la materia corporal de un organismo vivo.

SOPESAR... / 3. fig. Examinar con atención el pro y el contra de un asunto.

SORNA... / 2 bis. Ironía.

SORPRESIVO, -VA adj. Amér. Que sorprende; que se produce por sorpresa, inesperado.

SUBPRODUCTO [enmienda]. En cualquier operación, el producto que en ella se obtiene además del principal. Suele ser de menor valor que éste.

SUBMARINISTA [enmienda] m. Individuo de la armada especializado en el servicio de submarinos.

SUBSTRACTIVO, -VA adj. Mat. Dícese de los términos de un polinomio que van precedidos del signo menos.

SUDACIÓN f. Exudación. / 2. Exhalación de sudor, especialmente la abundante provocada con fines terapéuticos.

SUDAMERICANO [enmienda] adj. Natural de Sudamérica o América del Sur. U.t.c.s. / 2. [enmienda]. Perteneciente o relativo a esta parte de América.

SUPEDITAR... / 3. Subordinar una cosa a otra. / 4. Condicionar una cosa al cumplimiento de otra.

SUPERSÓNICO... / 2. m. Avión que se mueve a velocidad supersónica.

SURAMERICANO, -NA adj. [enmienda]. Natural de Suramérica o América del Sur. U.t.c.s. / 2. Perteneciente o relativo a esta parte de América.

SUSPENSO... / 4. Amér. Por influencia del ingl. *suspense*, expectación impaciente o ansiosa por el desarrollo de una acción o suceso; úsase especialmente con referencia a películas cinematográficas, obras teatrales o relatos.

TABLOIDE m. Amér. Periódico de dimensiones menores que las ordinarias, con fotograbados informativos.

TANGUISTA f. Bailarina profesional contratada para un espectáculo.

(Es divertido que ya la Academia haya aceptado el término cuando los tangos han pasado de moda y estas muchachas se llaman de otra manera.)

TAPIZADO, -DA p.p. de tapizar. / 2. m. Acción y efecto de tapizar.

TARADO, -DA p.p. de tarar. / 2. adj. Que padece tara física o psíquica.

TECHO [enmienda a la 1a. acep.] m. Parte superior de un edificio, que lo cubre y cierra, o de cualquiera de las estancias que lo componen. / 1 *bis.* Cara inferior del mismo, superficie que cierra en lo alto una habitación o espacio cubierto.

TECHUMBRE f. [enmienda]. Techo de un edificio. / 2. Conjunto de la estructura y elementos de cierre de los techos.

TELETEATRO m. Teatro que se transmite por televisión.

TELESPECTADOR, -RA m. y f. Espectador o espectadora de televisión.

TELEVISIVO, -VA adj. Que tiene buenas condiciones para ser televisado.

TELEVISUAL adj. Perteneciente o relativo a la televisión.

TENDEDERO... / 2. Dispositivo de alambres, cuerdas, etcétera, donde se tiende la ropa.

TENSIÓN... / 6. Estado anímico de excitación, impaciencia, esfuerzo o exaltación producido por determinadas circunstancias o actividades, como la atención, la espera, la creación intelectual, poética o artística, etcétera.

TENSOR... / 2. m. Fís. Todo sistema de magnitudes, coexistentes y de igual índole, tales que se puedan ordenar en filas y columnas como los elementos de una matriz, al cual son aplicables las reglas del cálculo matricial.

TENSORIAL adj. Perteneciente o relativo a los tensores.

TERA Elemento compositivo inicial que con el significado de un billón (10^{12}) sirve para formar nombres de múltiplos de determinadas unidades. Teragramo.

TERGIVERSAR [enmienda a la 1a. acep.]. Forzar, torcer las razones o argumentos, las palabras de un dicho o de un texto, la interpretación de ellas, o las relaciones de los hechos y sus circunstancias.

TERMONUCLEAR adj. V. bomba termonuclear.

TERRORISTA [enmienda]. com. Persona partidaria del terrorismo. / 2. adj: Que practica actos de terrorismo. U.t.c.s.m. y f. / 3. Perteneciente o relativo al terrorismo / 4. Dícese del gobierno, partido, etcétera, que practica el terrorismo.

TESLA m. Fís. Unidad de inducción magnética en sistema basado en el metro, el kilogramo, el segundo y el amperio.

TETRAGONAL adj. Perteneciente o relativo al tetrágono. / 2. Que tiene forma de tetrágono, cuadrangular.

TIPICISMO m. Tipismo.

TÍPICO, -CA [enmienda a la 1a. acep.]. adj. Característico o representativo de un tipo / 2. Peculiar de un grupo, país, región, época, etcétera.

TIPIFICAR. . . / 2. Representar una persona o cosa el tipo de la especie o clase a que pertenece.

TIPISMO m. Calidad o condición de típicos. / 2. Conjunto de caracteres o rasgos típicos.

TITULACIÓN f. En general, acción de titular. *Titulación* de los capítulos de un libro. / 2. Conjunto de títulos de propiedad que afectan a una finca rústica o urbana. / 3. Quím. Acción y efecto de titular o valorar una disolución.

TOCÓLOGO, -GA [enmienda] m. y f. Persona que, provista del correspondiente título académico, profesa o ejerce la tocología (parte de la medicina; obstetricia).

TOLERABILIDAD f. Calidad o condición de tolerable.

TOLERANCIA... / 6. Máxima diferencia que se tolera o admite entre el valor nominal y el valor real o efectivo en las características físicas y químicas de un material, pieza o producto.

TOPOLOGÍA f. Rama de las matemáticas que trata especialmente de la continuidad y de otros conceptos más generales originados de ella.

TOPONÍMICO, -CA [enmienda]. Perteneciente o relativo a la toponimia o a los nombres de lugar en general.

TOSTADERO, -RA adj. Útil o máquina para tostar. U.t.c.c. / 2. Lugar o instalación en que se tuesta algo / 3 fig. Lugar donde hace excesivo calor. Este cuarto es un *tostadero*.

TRACTORISTA com. Persona que conduce un tractor.

TRÁFICO... / 2. [enmienda]. Comunicación, tránsito y transporte, en vehículos adecuados y por vía terrestre, marítima o aérea, de personas, equipajes o mercancías; además, en vías públicas, paso de personas y animales.

TRAGO... / 4 Col. Copa de licor; por extensión, licor, bebida alcohólica.

TRANQUILIZANTE p.a. de tranquilizar. / 2. adj. Dícese de los fármacos de efecto tranquilizador o sedante. U.t.c.s.m.

TRANSAR intr. Amér. Transigir, ceder, llegar a una transacción o acuerdo. U.t.c. prnl.

TRANSCRIBIR... / 2. [enmienda]. Transliterar, escribir con un sistema de caracteres lo que está eserito con otro. / 2. *bis*. Representar elementos fonéticos, fonológicos, léxicos o morfológicos de una lengua o dialecto mediante un sistema de escritura.

TRANSLITERAR [enmienda] tr. Representar los signos de un sistema de escritura, mediante los signos de otro.

TRANSVERSALMENTE adv. m. En línea o dirección transversal.

TROMBOFLEBITIS f. Inflamación de las venas con formación de trombos.

TRUSTE m. Unión de sociedades o empresas con el objeto de dominar el mercado para imponer precios y condiciones de venta. Se suele decir "trust", empleándose la palabra inglesa.

TUPICIÓN f. Acción y efecto de tupir, obstrucción. / 2. Estado o condición de una cosa tupida. / 3. Bol. y Méx. Espesura, lugar tupido o intrincado de un bosque.

TUPIDEZ f. Calidad de tupido.

TURBIDEZ f. Calidad de túrbido o turbio.

TURNAR... / 2. tr. **Méx.** En uso jurídico y administrativo, remitir una comunicación, expediente o actuación a otro departamento, juzgado, sala de tribunales, funcionario, etcétera.

ULTIMAR [enmienda a la 1a. acep.]. Dar fin a alguna cosa, acabarla, concluirla. / 2. Amér. Matar. Se suprime la 2a. acep.: Acabar lo que está próximo a acabarse, rematar.

USUCAPIÓN [enmienda] f. For. Adquisición de un derecho mediante su ejercicio en las condiciones y durante el tiempo previsto por la ley.

USUFRUCTO [enmienda a la 1a. acep.] m. Derecho a disfrutar bienes ajenos con la obligación de conservarlos, salvo que la ley autorice otra cosa.

ÚTIL m. Utensilio o herramienta. U.t. en pl.

UTILLAJE m. Conjunto de útiles necesarios para una industria.

VARIANCIA f. Estad. Medida de las desviaciones cuadráticas de una variable aleatoria, referidas al valor medio de ésta.

VATIO [enmienda] m. Unidad de potencia eléctrica en el sistema basado en el metro, el kilogramo, el segundo y el amperio. Equivale a un julio por segundo.

VECTOR [enmienda a la 1a. acep.] Fís. Toda magnitud en la que, además de la cuantía, hay que considerar el punto de aplicación, la dirección y el sentido. Las fuerzas son vectores.

VECTORIAL adj. Fís. Perteneciente o relativo a los vectores. / 2 V. campo vectorial.

VEIMARÉS, -ESA [enmienda] adj. Weimarés.

VELOCÍMETRO m. Aparato que en un vehículo indica la velocidad de traslación de éste.

VERTEDERO. . . / 2. Lugar donde se vierten basuras o escombros.

VESTÍBULO... / 2 bis. Espacio cubierto dentro de la casa, que comunica la entrada con los aposentos o con un patio.

VIABILIDAD f. Condición del camino o vía por donde se puede transitar.

VIKINGO m. Nombre aplicado a los navegantes escandinavos que entre los siglos viii y xi realizaron correrías y depredaciones por las islas del Atlántico y por casi toda Europa occidental.

VIRTUAL [edición a la 1a. acep.] Ú. frecuentemente en oposición a efectivo o real.

VIRTUALMENTE [enmienda a la 1a. acep.]. De un modo virtual, en potencia. Ú. con frecuencia opuesto a actual o efectivamente... / 3. Casi, a punto de, en la práctica, en la realidad.

VISIBILIDAD... / 2. Mayor o menor distancia a que, según las condiciones atmosféricas, pueden reconocerse o verse los objetos.

VISIBILIZAR tr. Hacer visible artificialmente lo que no puede verse a simple vista, como con los rayos X los cuerpos ocultos, o con el microscopio los microbios.

VISUALIZACIÓN f. Acción y efecto de visualizar.

VISUALIZAR tr. Visibilizar. / 2. Representar mediante imágenes ópticas fenómenos de otro carácter, p. ej., el curso de la fiebre o los cambios de condiciones meteorológicas mediante gráficas las variaciones de corriente eléctrica o las oscilaciones sonoras con el oscilógrafo, etcétera. / 3. Formar en la mente una imagen visual de un concepto abstracto. / 4. Imaginar con rasgos visibles algo que no se tiene a la vista.

VITRAL m. Vidriera de colores (nosotros decimos "emplomado").

VOCACIONAL adj. Perteneciente o relativo a la vocación.

VOCALISTA com. Artista que canta con acompañamiento de orquestina.

VOLTIO [enmienda] m. Fís. Unidad de potencial eléctrico y de fuerza electromotriz en el sistema basado en el metro, el kilogramo, el segundo y el amperio. Es la diferencia de potencial que hay entre dos conductores cuando al transportar entre ellos un coulombio se realiza un trabajo equivalente a un julio.

VOLUMEN... / 5. Acust. Intensidad de la voz o de otros sonidos.

VOLUMÉTRICO, -CA adj. [enmienda]. Perteneciente o relativo a la medición de volúmenes. / 2. Quím. Referente a la volumetría.

VOTAR...4. tr. Aprobar por votación.

VUELTO, -TA. . . / 4. Amér. Vuelta del dinero entregado de sobra al hacer un pago.

XEROCOPIA f. Copia fotográfica obtenida por medio de la xerografía.

XEROGRAFÍA f. Procedimiento electrostático que, utilizando conjuntamente la fotoconductibilidad y la atracción eléctrica, concentra polvo colorante en las zonas negras y grises de una imagen registrada por la cámara oscura en una placa especial. La imagen con el polvo colorante adherido pasa a un papel donde se fija mediante la acción del calor o de ciertos vapores. / 2. Fotocopia obtenida por este procedimiento.

XEROGRAFIAR tr. Reproducir textos o imágenes por medio de la xerografía.

XEROGRÁFICO, -CA adj. Perteneciente o relativo a la xerografía. / 2. Obtenido mediante la xerografía. Copia *xerográfica*.

YAZ m. Cierto género de música bailable derivado de ritmos y melodías de los negros norteamericanos. / 2. Orquesta especializada en la ejecución de este género de música. (Si imagináramos esta palabra con la pronunciación castellana, habría que transcribirla así en inglés: *eeath* en vez de jazz.)

YOGUI com. Asceta hindú adepto al sistema filosófico del yoga. / 2. Persona que practica algunos o todos los ejercicios físicos del yoga.

YOQUEY o YOQUI m. Jinete profesional de carreras de caballos.

YUDO m. Pasa a esta palabra la definición actual de judo.

YUGO m. / 6. *bis*. Electrón. Componente, formado por material magnético y bobinas, que abraza el cuello de un tubo de rayos catódicos y sirve para mandar la desviación del haz electrónico.

YUGULAR tr. Degollar, cortar el cuello. / 2. fig. Detener súbita o rápidamente una enfermedad por medidas terapéuticas. / 3. f. Hablando de determinadas actividades, acabar pronto con ellas, ponerles fin bruscamente.

ZAFADURA f. Acción y efecto de zafar o zafarse. / 2. Amér. Dislocación, luxación.

ZAFAR . . . / 6. prnl. Amér. Dislocarse, descoyuntarse un hueso.

ZAGUÁN [enmienda]. Espacio cubierto situado dentro de una casa, que sirve de entrada a ella y está inmediato a la puerta de la calle.

ZORREADO, -DA p.p. de zorrear. / 2. adj. Dícese de la caza que percibe el peligro y se aleja cautelosamente de él. / 3. Chile. Batida que se da a los zorros.

ZORREAR 1. intr. Hacerse el zorro, obrar con la cautela o la astucia propias del zorro. / 2. Chile. Perseguir o cazar zorros con jaurías. / 3. tr. Sacudir con zorros alguna cosa para quitarle el polvo.

LO QUE ES NUEVO PARA MÍ... *es viejo para ti*

El español es el idioma oficial de trescientos millones de personas dispersas entre unos veinte países (y en minorías en otros). Pero cuando una persona sale de uno de esos países y viaja por los demás, se encuentra con una serie de palabras nuevas, que ya son viejas para los ciudadanos del lugar visitado. A veces me divierte comparar algunos términos que conozco, y que son diferentes según se encuentre uno en España, Guatemala o México (por orden alfabético de países, por favor).

España	*Guatemala*	*México*
huevos	huevos	blanquillos
sandalias	caites	guaraches
refresco	fresco	aguas
resaca	goma	cruda
paja o pajilla	pajilla	popote
trastos	chunches	chivas
pavo	chompipe	guajolote
(no hay)	güisquil	chayote
(no hay)	chirmol	chile y mole
borrachera, pítima	soca	guarapeta
juerga	chonguengue	pachanga

239

Por otra parte, hay palabras que no se emplean en un país y que se dicen, casi iguales pero diferentes, en otro:

España	México
mordisco (de perro)	mordida
metedura (de pata)	metida
tomadura (de pelo)	tomada
picadura (de mosquito)	picada

Pero la formación de esos sustantivos mexicanos no debe sorprender a nadie: Si *colada* es la acción de *colar*, y *rociada* la de *rociar*, *lavada* será la acción de *lavar*, *planchada*, de *planchar*, *insultada*, de *insultar*, *cacheteada* de *cachetear*, *fregada*, de *fregar* y *mentada*, de *mentar*.

Sí, estoy bromeando, pero, ¿quién puede tomar todo esto en serio? Recuerdo aquel chiste del señor que dijo: "Tengo sesenta años". Otro de los presentes repuso. "Le llevo cinco", y otra señora: "Le llevo tres". El pobre hombre se quedó confuso y preguntó: "Y ahora, ¿cuántos me quedan?"

Yo me siento como aquel señor: ¿qué palabras me quedan?, ¿cuáles debo aprender?, ¿qué significan?, ¿dónde estoyyyyyyyy...?

3. El significado de algunas palabras de uso cotidiano

¿Qué dice la prensa? Muchísimas cosas, y para decirlas emplea, en ocasiones, palabras que no sabríamos explicar con exactitud. Para corregir esa deficiencia vamos a dar a continuación definiciones —sacadas de distintos diccionarios— en lo que concierne a expresiones técnicas, comerciales o políticas, de circulación generalizada. *No pretendemos incluirlas todas* (esto no es un diccionario) sino dar al lector la idea del significado de algunas expresiones de uso común.

Evidentemente, cuando se trata de política, la formulación de las definiciones dependen del régimen imperante en el país en que se haya elaborado el diccionario; por eso combinaremos aquí, en beneficio del lector, puntos de vista de la Real Academia (en Madrid, España) con los conceptos de los responsables de Larousse (París, Francia), la casa editorial francesa.

Las definiciones que aparecen en las siguientes páginas proceden, en su mayoría, del Diccionario de la Real Academia (DRA) excepto cuando se indique otra cosa, por ejemplo:

(MM) María Moliner, *Diccionario de uso del español* (Gredos), (PLT) *Pequeño Larousse técnico* (Larousse), (PLC) *Pequeño Larousse en color* (Larousse), (MA) Martín Alonso, *Enciclopedia del idioma* (Aguilar).

Algunas definiciones, que no aparecen en ninguna de esas fuentes, son interpretaciones que la autora hace de la palabra.

241

Queda entendido que nada hay tan completo como un diccionario, sobre todo si es reciente, para tenernos al corriente de lo que significan *todas* las palabras.

DEFINICIONES OFICIALES Y... "OFICIOSAS"

ADRENALINA f. Bioquím. Hormona cristalizable segregada por las glándulas suprarrenales. *Se me subió la adrenalina*: expresión empleada para indicar que hemos sufrido un choque muy violento, de carácter psíquico, pero que ha tenido efectos desintegrantes sobre nuestro organismo. Antes, las damas decían: "casi me desmayo".

ALUCINANTE Que alucina.

ALUCINAR Ofuscar, seducir o engañar haciendo que se tome una cosa por otra.

Se dice también *alucinógeno* a semejanza de *cancerígeno*, probablemente por traducciones del inglés. Sin embargo, por otra raíz latina podríamos decir *carcinógeno* con toda corrección. La expresión *hongos alucinógenos* se ha vuelto muy corriente, por los efectos de esta clase de hongos en el ser humano, cuando los ingiere.

ANARQUÍA f. Falta de todo gobierno en un Estado (DRA).

ANARQUÍA Régimen social en que el individuo se hallará emancipado de toda tutela gubernamental (PLC).

ANARQUISMO m. Conducta política destructora de la autoridad y subversiva del orden social (DRA).

Doctrina e ideología que preconiza la supresión del Estado (PLC)

ANTICONCEPCIONAL (de *anti* y *concepción*) adj. Dícese del medio, práctica o agente que impide a la mujer quedar embarazada. U.t.c.s.

ANTICONCEPCIONISMO m. Aplicación de prácticas destinadas a evitar la concepción, y doctrina que propugna dichas prácticas.

ANTICONCEPTIVO, -VA adj. Anticoncepcional. U.t.c.s.m.

Se entiende claramente; acostumbramos usar mucho más el término *anticonceptivo*, sobre todo como sustantivo para indicar especialidades farmacéuticas.

La palabra "contraceptivo" resultaría chistosa si no fuera porque no existe; ha cruzado la la frontera sin pasaporte, es de "fayuca" (en México, sinónimo de contrabando).

AUDITOR Revisor de cuentas colegiado.

La auditoría es la revisión de cuentas que hace el auditor, una especie de control de los libros que lleva el contador. Hay auditoría interna y auditoría externa.

AUTARQUÍA f. Estado de un país o territorio que procura bastarse con sus propios recursos evitalldo, en lo posible, las importaciones de otros países.

AUTÁRQUICO, -CA adj. Perteneciente o relativo a la autarquía económica.

BICAMERAL Véase *Sistema bicameral.*

BIENES DE CAPITAL Se designa can esta expresión todas las cosas que pueden servir para hacer más capital. Por ejemplo, al comprarse la maquinaria necesaria para fabricar tornillos, se está invirtiendo en bienes de capital un dinero que, gracias a lo que esa maquinaria produzca, se incrementará. En este caso, la maquinaria representa un capital fijo. Las materias primas necesarias para fabricar los tornillos serían también bienes de capital, pero en este caso, variable.

BIÓNICA f. Ciencia joven y reciente, su nombre le fue dado en 1958 por Jack E. Steele, de la fuerza aérea estadounidense. La palabra es una contracción de "biología electrónica". Se definió como sigue: la biónica es la ciencia de los sistemas cuyo funcionamiento está copiado de los sistemas naturales, es comparable o análogo a éstos.

La biónica se propone fabricar sistemas artificiales, inspirándose en modelos vivientes; también se dice que la biónica "es el arte de copiar a la naturaleza".

En realidad, se ha estado copiando a la naturaleza desde siempre —o sea practicando la biónica—, por ejemplo al fabricar aviones con líneas y alas de ave, al encender un fuego a modo de diminuto Sol.

Los bionicistas dirigen sus estudios en dos direcciones; imitar los "medios" mediante los cuales ciertos animales resuelven tales o cuales problemas, y reproducir los "resultados" mediante la fabricación de máquinas condicionables o inteligentes. Nuestro contacto con la palabra proviene de la televisión; dos personas o más han sido operadas después de un grave accidente; al perder algunos miembros, les han injertado miembros "biónicos", que tienen la apariencia de los naturales pero una fuerza extraordinaria.

Probablemente los miembros biónicos podrían soportar los esfuerzos y tensiones a que los someten los intérpretes de la serie, pero lo que no aguantaría sería el cuerpo, muy humano, en el que estuvieran insertos.

CÁNCER o CARCINOMA m. El *Larousse Jupiter bilingüe* traduce *cancérigene* (francés) por *cancerígeno* aun cuando esta palabra, que se usa frecuentemente para indicar que algún producto favorece el cáncer, no aparece todavía en nuestros diccionarios.

CAPITALISMO m. Régimen económico fundado en el predominio del capital como elemento de producción y creador de riqueza. Conjunto de capitales o capitalistas, considerado como entidad económica.

CAPITALISTA com. Persona acaudalada, principalmente en dinero o valores, a diferencia del hacendado, poseedor de fincas valiosas. Com. Persona que coopera con su capital a uno o más negocios, en oposición a la que contribuye con sus servicios o su pericia (DRA).

CAPITALISMO m. Régimen económico en que los medios de producción pertenecen a los que han invertido capital (PLC).

CARISMA m. (del latín *charisma*, y éste de una palabra griega que significa agradar, hacer favores.) Teol. Don gratuito que concede Dios con abundancia a una criatura.

CARISMÁTICO, -CA adj. Perteneciente o relativo al carisma.

Pues bien, esta palabra se emplea mucho en política para hablar del ascendiente —o sea del dominio o influencia— que tiene una persona sobre el público. Se ha hablado del carisma del presidente Kennedy, por ejemplo, para explicar su popularidad.

COLÁGENO, -NA adj. y s. Dícese de las sustancias con las cuales puede hacerse cola, especialmente de los tejidos animales (piel, huesos) (PLT).

Se habla de colágeno hasta en la publicidad de algunas cremas de belleza.

COLAGOGÍA f. Méd. Expulsión o paso de la bilis de la vesícula a las vías biliares exteriores.

COLAGOGO, -GA adj. Farm. Se dice de los purgantes que se emplean especialmente contra la acumulación de bilis (MA).

Hace algún tiempo se anunciaba un producto de "acción colagoga", y los profanos en la materia tuvimos que consultar el diccionario para enterarnos de lo que nos estaban diciendo.

COMUNICACIÓN MASIVA, MEDIOS COLECTIVOS, MEDIA Aquí, vamos a ver si nos entendemos. Cualquiera de esos tres términos aparece en una u otra parte de la prensa escrita y hablada. En efecto, un periódico está destinado a millones de lectores, a una masa de lectores; es un medio de comunicación destinado a las masas, de ahí la palabra "masiva".

Desgraciadamente, la expresión inglesa *mass media* en que *mass* es la masa, el gran número de cosas o personas, y *media* el plural de *medium* (*The Heritage Illustrated Dictionary of the English Language*) nos dice (yo traduzco): "Uso. *Media* se emplea frecuentemente como sustantivo singular". Pero el artículo sobre *medium* indica: "4. Un medio de comunicación masiva tal como periódicos, revistas o televisión".

Espero que el lector haya salido de dudas; en cuanto a mí no lo he logrado aún, ya que todavía no decido cuál es la expresión correcta en español.

Hay que reconocer en el idioma inglés una gran facilidad para reducir fórmulas a la más simple expresión, directa y clara.

COMUNISMO m. Sistema por el cual se quiere abolir el sistema de propiedad privada y establecer la comunidad de bienes (DRA).

COMUNISMO m. Doctrina que aspira a la colectivización de los medios de producción, a la repartición, según las necesidades, de los bienes de consumo, y a la supresión de las clases sociales. Política del Partido Comunista que se fundaba, en Rusia, en la dictadura del proletariado, y en otros países tiende al establecimiento del mismo sistema (PLC). Últimamente se han realizado cambios inesperados.

CONCIENTIZAR Esta palabra no aparece aún en nuestros diccionarios; sin embargo, el uso que suele hacerse de ella nos permite explicarla: *Hay que concientizar a las masas...* significa que se les debe enseñar a tener conciencia de las cosas, que se las debe capacitar para que cobren conciencia por sí mismas, tanto de lo que sucede como de la manera en que deberían comportarse, de tal modo que esa misma conciencia las incite a actuar de acuerdo con la razón y el deber. O sea: hay que enseñar a las masas a que dejen de ser inconscientes. La palabra conciencizar habría sido más exacta pero también cacofónica; es la que usan en España.

CONSUMISMO Y SOCIEDAD DE CONSUMO Son dos expresiones que se usan constantemente en artículos y conversaciones.

La sociedad de consumo es la nuestra, la de los consumidores de todos los países —por lo menos, que yo sepa, del 1o., 2o. y 3er. mundo, aunque sospecho que también los del 4o. y el 5o.... y el 6o. cuando lleguemos a eso— en la actualidad.

Se califica así porque tan pronto como alguien tiene un poco de dinero, se dedica a gastarlo en productos u objetos que le han sido anunciados de una manera tal que despierta su deseo de poseerlos.

Como no he podido encontrar estas expresiones en los diccionarios —todavía no están— su definición es responsabilidad exclusivamente mía.

CONSUMISMO Es la práctica de consumir a toda costa cualquier cosa, necesaria o no, bella o no, dañina o no.

CONTAMINACIÓN f. Acción y efecto de contaminar o contaminarse.

CONTAMINAR tr. Alterar la pureza de alguna cosa como los alimentos, las aguas, el aire, etcétera.

No anotamos las otras acepciones; ésta es la que corresponde al desequilibrio de la ecología; es la contaminación ambiental.

CORPORATIVISMO m. No aparece en el DRA pero el PLC dice: Sistema que defiende la reunión de todos los individuos de una misma profesión. Podría decirse también "gremialismo".

CUARENTENA f. Espacio de tiempo que están en el lazareto, o privados de comunicación, los que vienen de lugares infectados o sospechosos de algún mal contagioso.

CALENDAR Poner en las escrituras la fecha del día, mes y año.

CALENDARISTA Persona que hace o compone calendarios.

He incluido aquí estas dos palabras que están en el diccionario. No he podido encontrar *calendárico* ni *calendarizar*, que están entrando en nuestro modo de hablar común. Calendarizar quiere decir que se están fijando fechas para cursos, clases o programas.

Y calendárico parece ser el adjetivo correspondiente a la expresión *del calendario*.

CHAUVINISMO m. Que a veces se escribe *chovinismo* debido a la pronunciación francesa (*au* se pronuncia *o*), es un patrioterismo exagerado. La palabra se formó a partir del nombre de un soldado francés del siglo XVIII a principios del XIX, Nicolás Chauvin, cuyo patriotismo era de una exaltación tal que ha pasado a la historia.

DARWIN (CHARLES) Naturalista británico (1809-1882). Autor de *El origen de las especies* (1859) que presenta una teoría de la evolución (darwinismo). Fue muy discutido y, por mucho tiempo, mal comprendido.

DARWINISMO m. Esta teoría explica el mecanismo de la evolución de los seres vivos según Ch. Darwin. Puede encontrarse

247

un artículo muy completo en la *Gran Enciclopedia Larousse.*
En realidad, la fama popular de Darwin proviene de que se le atribuye haber afirmado que "el hombre desciende del mono". Conviene insistir de preferencia en sus teorías de "la lucha por la vida" y la supervivencia de los más aptos. El neo-darwinismo ha venido a sustituir al darwinismo. Rechaza ciertos principios del darwinismo y acepta otros, tales como el papel principal que desempeña la selección natural.

DÉFICIT m. En el comercio, descubierto que resulta comparando el haber o caudal existente con el fondo o capital puesto en la empresa; y en la administración pública, parte que falta para levantar las cargas del Estado: reunidas todas las cantidades destinadas a cubrirlas. No admite terminación de plural.

Podríamos decir que es el Estado —cuando lo anormal se vuelve costumbre— de todos los países del mundo en la actualidad. Si me equivoco, lo siento... o mejor dicho, me alegro.

DEFLACIÓN f. Reducción de la circulación fiduciaria cuando ha adquirido excesivo volumen por efecto de una inflación.

DEMAGOGIA f. Dominación tiránica de la plebe (DRA); o: Dominación de la plebe. Política que halaga las pasiones de la plebe (PLC).

DEMAGOGO, -GA Cabeza o caudillo de una facción popular. Sectario de la demagogia. Orador extremadamente revolucionario (DRA); o: El que aparenta sostener los intereses del pueblo para conquistar su favor. Orador revolucionario (PLC).

DEMOCRACIA f. Doctrina política favorable a la intervención del pueblo en el gobierno. Predominio del pueblo en el gobierno político de un Estado (DRA); o: Gobierno en que el pueblo ejerce la soberanía... *Las clases populares:* las aspiraciones de la democracia (PLC).

DEMÓCRATA com. Partidario de la democracia (DRA) o partidario de la democracia o gobierno del pueblo (PLC).

DEMOGRAFÍA f. Estudio estadístico de una colectividad humana según su composición y estado en un determinado momento o según su evolución histórica.

DEMOGRÁFICO, -CA adj. Perteneciente o relativo a la demografía. La expresión *explosión demográfica*, tan frecuentemente empleada en nuestros días, se refiere al fenómeno de una abundante natalidad, de un crecimiento de la población, desmedido e incontrolable; la palabra *explosión*, que generalmente tiene connotación negativa (excepto "explosión de júbilo", por ejemplo), indica aquí una condición adversa. En efecto, la explosión demográfica es tan peligrosa para la humanidad como lo sería que la natalidad se redujera tanto, de repente, que no asegurara ya la continuidad de la especie humana. No debe olvidarse la vieja teoría de que las guerras servían para evitar que la población aumentara desmedidamente.

Se considero por largo tiempo que el *malthusianismo* [de Thomas Robert Malthus (1766-1834) —malthusianismo m. corriente ideológica que propone la restricción voluntaria de la procreación, para remediar la desproporción prevista para el futuro entre la población y los alimentos—] era una utopía, pero el tiempo parece querer darle la razón a pesar de que nadie lo cite casi nunca en relación con nuestra actual coyuntura.

DERECHA f. Hablando de colectividades políticas, la parte más moderada o que en su doctrina guarda más respeto a las tradiciones.

DERECHISTA com. Persona amiga de la tradición y de las costumbres establecidas, sobre todo en política y otras instituciones sociales. El individuo de ideas opuestas suele llamarse *izquierdista*.

Nota: Lo moderado desaparece al convertirse en ultraderecha o ultraderechista, que deja de ser amigo de la tradición y las costumbres establecidas si éstas corresponden a una organización social avanzada, progresista o izquierdista. Al derechista se le llama a veces "conservador" en el mejor de los casos y en el peor, "reaccionario".

IZQUIERDA f. Hablando de colectividades políticas, la que guarda menos respeto a las tradiciones del país.

IZQUIERDISTA com. Partidario de la izquierda, en política. También se le dice: revolucionario.

Una vez explicados los términos *izquierda* y *derecha*, bien podemos fabricarnos nuestra definición de centro; entre la izquierda y la derecha, y centrista: el que está en el centro, políticamente hablando, claro está.

Tal vez convenga indicar el origen de estas expresiones (izquierda y derecha).

Durante la revolucion francesa, iniciada en 1789, la derecha de la asamblea era ocupada por los girondinos, de tendencia política moderada (se opusieron a las matanzas y a la muerte del rey Luis XVI). La izquierda de la asamblea estaba ocupada por los diputados de la Montaña, más radicales, más drásticos. De entonces data esa división política vaga, indeterminada, para distinguir unos grupos políticos de otros. En el centro de aquella Asamblea Nacional Constituyente francesa estaba lo que se llamaba la Plaine (la llanura).

No estamos indicando nombres de personas ni de partidos. El lector pondrá los encabezamientos correspondientes en los nombres conocidos.

DEVALUACIÓN f. Acción y efecto de devaluar.

DEVALUAR tr. Rebajar el valor de una moneda o de otra cosa, depreciarla.

DIANÉTICA Se considera como "la ciencia moderna de la salud mental". Se basa en el supuesto de que cualquier incidente que el individuo haya experimentado, quedan registrado con todo detalle como una imagen mental. Los incidentes que encierran dolor o molestia no están disponibles del todo para el individuo en un nivel totalmente razonable o analítico. Cuando son reestimulados por experiencias ulteriores, pero relacionadas con ellos, el contemdo de tales registros provoca un comportamiento emocional no pertinente en las situaciones ambientales actuales. La terapia exige confrontación de todos los incidentes presentes y pasados que estén unidos como los eslabones de una cadena (entresacado de la *Encylopaedia Britannica*).

Cuando vemos los anuncios de Dianética, para asistir a unos cursos o someternos a una terapéutica, se trata de un sistema, una técnica de psicoterapia, basado en el recuerdo total de todas las experiencias sensorias, motrices y emocionales, incluyendo las prenatales.

Los institutos de dianética invitan al público en general a asistir a sus sesiones gratuitamente, un día de la semana, generalmente por la noche. La persona interesada en conocer más a fondo esta disciplina, resucitada por Hubbard en 1952 después de siglos de olvido desde Aristóteles, puede acudir a esos centros. La palabra dianética proviene del griego *dianoética*; ésta era una técnica para hacernos más hábiles en la solución de problemas básicos del comportamiento humano. La dianética actual es un tema controversial.

DICTADURA f. Gobierno que, invocando el interés público, se ejerce fuera de las leyes constitutivas de un país (DRA), y el PLC agrega (sinónimos: autocracia, tiranía, despotismo, cesarismo, omnipotencia, totalitarismo). *Dictadura del proletariado*; principio marxista del ejercicio del poder del Estado por una minoría que actúa en interés de la clase trabajadora.

DIVISA f. Dinero en moneda extranjera (PLC).

ECOLOGÍA f. Parte de la biología que estudia las relaciones existentes entre los organismos y el medio en que viven. adj.: ecológico, -ca. Se trata actualmente de proteger la ecología, es decir, de no destruir el equilibrio que debe existir entre la vida animal (incluyendo la humana) y la vegetal. Por ejemplo, si el aire está contaminado: los pajarillos no podrán vivir; sin pajarillos, los insectos (éstos sí que tienen la vida dura) prosperarán y devorarán las cosechas, y el hombre se quedará sin alimentos. Si se tiran desechos químicos a los ríos, se envenenarán sus aguas; entonces morirán los peces... y el hombre se quedará sin alimentos. Si se cubren de concreto grandes superficies de la Tierra (ciudades, carreteras), el agua no podrá irrigar el subsuelo... morirán árboles y plantas en el suelo seco... nos quedaremos sin el oxígeno que nos proporcionan y que es indispensable para la vida, para nuestra vida.

De eso se trata cuando se habla de proteger, de cuidar, de salvar el equilibrio ecológico.

EFICAZ adj. com. Activo, fervoroso, poderoso para obrar. Que logra hacer efectivo un intento o propósito (suele usarse para las cosas).

EFICIENTE adj. com. Que tiene eficiencia (suele usarse para las personas). "La gente eficiente da un rendimiento eficaz" (Arrigo Coen).

EFICIENCIA f. Virtud y facultad para lograr un efecto determinado.

EFECTIVO, -VA adj. Real y verdadero, en oposición a lo quimérico, dudoso o nominal.

Effective es una palabra inglesa: que tiene el efecto esperado o intentado; que sirve al propósito.

Evidentemente, la infiuencia del inglés es la causante de que "efectivo" se emplee con el sentido de *effective* o sea de la palabra en inglés.

EJECUTIVO m. y f. Persona que forma parte de una comisión ejecutiva o que desempeña cargo directivo en una empresa.

EMPÍRICO Basado en la experiencia, sin teoría ni razonamiento: *medicina empírica* (PLC).

El maestro empírico es el que, sin títulos que lo declaren apto para la enseñanza, dispone de un acervo de conocimientos, experiencia y dotes pedagógicos que lo hacen maestro por derecho propio.

ESNOBISMO (del inglés *snob*, esclavo de la moda) m. Exagerada admiración por todo lo que es moda. El profesor Arrigo agrega: esnob: el que torpemente imita el donaire propio del educado.

ESPELEOLOGÍA f. Estudio de las grutas o cavernas.

ESPELEÓLOGO Especialista en espeleología.

ESTANDARIZACIÓN f. Acción y efecto de estandarizar.
ESTANDARIZAR Tipificar, ajustar a un tipo, modelo o norma.
ESTRUCTURALISMO m. Fil. Movimiento contemporáneo muy generalizado, aplicable a todas las disciplinas artísticas y científicas que tiene como base el estudio de la estructura o forma, ya como concepción, ya como metodología. También se conoce este movimiento como *gestaltismo*, en psicología. Pasa a la filosofía, la lógica, la lingüística y las ciencias en general, considerando los diversos sectores del conocimiento como "totalidad". En lingüística, el que realmente lo ha definido ha sido Claude Levi-Strauss.
EVOLUCIÓN f. Acción y efecto de evolucionar. Transformación.
EVOLUCIONAR Desenvolverse, desarrollarse los organismos o las cosas, pasando de un estado a otro. Mudar de conducta, de propósito o de actitud.
EVOLUCIONISMO Sistema fundado en la idea de evolución. La noción de evolución data ya de los primeros filósofos griegos. Se trata de una doctrina basada en una idea dominante; la continuidad de las formas en el universo, una continuidad que implica transformación, cambio y mutación constantes. De ahí que sea posible explicar con toda clase de detalle la manera en que nuestros antepasados más lejanos, los primeros moradores de nuestra Tierra, fueron peces y, a fuerza de cambios y mutaciones... llegó el hombre... primero un verdadero animal, hoy un ser (casi) perfecto. (Esta es una definición aceptada por mucha gente. Yo no la acepto.)
ÉXODO m. Emigración de un pueblo o de una muchedumbre de personas.
EXTRAPOLACIÓN Acción y efecto de extrapolar.
EXTRAPOLAR Deducir el valor futuro de una variable en función de sus valores anteriores.

Todo eso está muy bien, pero ¿cómo suelen emplearse esas palabras en cuestiones que nada tienen que ver con la matemática?

El diccionario *Heritage* nos ofrece una segunda acepción, que traduzco: "Inferir o estimar (información desconocida) extendiendo o proyectando información conocida".

253

EXTREMISMO m. Tendencia a adoptar ideas extremas o exageradas, especialmente en política.

Nota: Un extremista es un ultraderechista o un ultraizquierdista, aunque la palabra se emplea más frecuentemente para señalar este último y con una connotación desfavorable.

FASCISMO m. Movimiento político y social, principalmente de juventudes organizadas en milicias bajo el signo de las antiguas fasces, que se produjo en Italia después de la Primera Guerra Mundial. Doctrina del partido político italiano de este nombre y de los similares de otros países (DRA).

Pero el *Pequeño Larousse en color* nos dice:

FASCISMO Régimen vigente en Italia de 1912 a 1945, basado en la dictadura de un partido único, la exaltación nacionalista y el corporativismo. *Por extensión*: Doctrina que pretenden la sustitución de un régimen democrático por uno autoritario.

El creador, sostenedor beneficiario de esta doctrina fue Benito Mussolini, llamado el *Duce*.

FIDEICOMISO m. Disposición testamentaria por la cual el testador deja su hacienda o parte de ella, encomendada a la fe de uno para que, en caso y tiempo determinado, la transmita a otro sujeto o la invierta del modo que se le señala.

En el caso de los fideicomisos que se han creado para fines de obras públicas, por ejemplo, la idea está en asignar ciertas sumas de dinero del presupuesto nacional, para que se dediquen a esas obras, sin importar que se efectúe un cambio de gobierno antes de la terminación de las mismas: seguirán adelante según el plan o proyecto, no se abandonarán por haber habido un cambio de personas en el mando.

FUTURISMO m. Actitud espiritual, cultural, política, etcétera, orientada hacia el futuro.

GENOCIDIO Exterminio sistemático de un grupo étnico, racial o religioso (PLC). En este siglo, hemos presenciado el intento de exterminio del pueblo judío por los nazis de Hitler; más adelante, el del pueblo biafreño por los nigerianos.

HOMICIDIO Acción de matar a un ser humano, de manera ilegítima y, por lo general, con violencia.

INFANTICIDIO Acción de matar a un niño.

MAGNICIDIO Muerte dada a una persona muy principal. El asesinato de Kennedy, por ejemplo fue un magnicidio.

SUICIDIO Acción y efecto de quitarse la vida.

UXORICIDIO Asesinato de la esposa.

En todas estas palabras (como tambien en *regicidio, tiranicidio* y en *insecticida, herbicida, raticida,* de factura más moderna) aparece un sufijo: *cid.* Este proviene del latín, verbo *caedere* o sea, matar.

GRUPOS SANGUÍNEOS La clasificación de que disponemos es la siguiente:

Grupo A, grupo B, grupo AB y grupo O. Esta claslficación se basa en los aglutinógenos correspondientes a cada grupo: La proporción que existe entre los seres humanos, correspondiente a cada grupo, es: Grupo AB: 2%; grupo A: 45%; grupo B: 11%; grupo O: 42%.

Cuando surge la necesidad de una transfusión de sangre, se toma en cuenta el grupo al que pertenece el paciente, para escoger al donante.

Por ejemplo, se considera que O es el donante universal, ya que puede dar su sangre a individuos del grupo A, del B y del AB. El donante B, en cambio, sólo puede dar la suya a los del grupo B y AB y el donante A a los del grupo A y el AB. Claro está, la transfusión no puede hacerse simplemente pensando en el grupo, sino también tomando en cuenta el factor Rhesus de paciente y donante (véase también, Rhesus).

HÁBITAT m. Biol. Habitáculo, habitación o estación de una especie vegetal o animal. Conjunto local de condiciones geofísicas en ue se desarrolla la vida de una especie o de una comunidad animal o vegetal.

Actualmente interesa de un modo muy especial el hábitat humano, y en ese sentido debemos comprender esta palabra tropezamos con ella en la vida cotidiana. El biólogo y el botanista o botánico la emplearán refiriéndose a la especie animal o vegetal, respectivamente, que estén estudiando.

HEURÍSTICA f. Arte de inventar. Busca o investigación de documentos o fuentes históricas.

HEURÍSTICO, -CA adj. Perteneciente o relativo a la heurística. Actualmente, y esta definición se la debo al profesor Arrigo Coen Anitúa, la heurística debe considerarse con el sentido siguiente: "Comparación de sistemas que tienen un modelo matemático en común, con el fin de hallar en uno de ellos la solución a una aporía (= dificultad propuesta a la razón, de solución difícil)".

HOLISMO m. Teoría de que los factores determinantes, especialmente en la naturaleza viviente, son totalidades integradas que no pueden ser reducida. Es un sistema filosófico derivado de *Holism and Evolution* (1926), por Christian Smuts.

HOLÍSTICO, -CA adj. Relacionado con el holismo.

IMPERIALISMO m. Sistema y doctrina de los imperialistas.

IMPERIALISTA adj. Partidario de extender la dominación de un Estado sobre otro u otros, por medio de la fuerza.

Estas son expresiones que aparecen usualmente en los noticiarios; también son insultos que se lanzaban mutuamente soviéticos y estadunidenses antes de 1989.

IMPLEMENTAR Lo que antes se había expresado por "instrumentar" e "implantar", bajo la influencia del inglés *implementer.* La palabra *implemento* significa utensilio. El verbo implantar, sin embargo, es suficientemente completo para que no nos vemos obligados a un anglicismo inútil; también *instrumentar* cumple ese cometido.

IMPLANTAR Establecer y poner en ejecución doctrinas nuevas, instituciones, prácticas o costumbres. "Se ha implantado la semana de 40 horas".

TO IMPLEMENT (verbo inglés) proporcionar un plan o procedimiento definido para asegurar el cumplimiento de... 2. Proveer de implementos.

INFLACIÓN f. Fig. Excesiva emisión de banco. Fenómeno económico consistente en la subida de precios, debida a un desequilibrio entre el dinero existente y las mercancías ofrecidas.

INFLACIONISTA... INFLACIONARIO, -RIA adj. Perteneciente o relativo a la inflación monetaria.

INFORMÁTICA El PCL la define como: "Ciencia del tratamiento automático y racional de la información".

Esta nueva ciencia se basa fundamentalmente en los aparatos electrónicos llamados computadoras, computadores u ordenadores. Estos aparatos son capaces de "procesar" —palabra que se emplea aquí en un sentido no jurídico, sino como "un sistema de operaciones en la producción de algo" (*The Heritage Illustrated Dictionary*)— un volumen de información extraordinario en minutos, a veces en segundos. Las computadoras son "programadas" para resolver tales o cuales problemas, por ejemplo, los bancos de datos son capaces de dar información sobre distintas materias: al programar una computadora, se la alimenta con datos, digamos datos históricos; el historiador que necesita confirmar fechas y acciones, consulta la computadora, y esta le manifiesta las respuestas correctas a sus interrogantes.

En relación con la informática, encontramos palabras extranjeras, casi todas inglesas, y su extensión incluso a la vida corriente. Por ejemplo, en el siglo xix habríamos dicho: "He logrado disciplinarme para no fumar más de 5 cigarrillos diarios." Antes de los veinte últimos años, habríamos expresado lo mismo así: "Consigo sugestionarme para no fumar más de 5 cigarrillos diarios." Pues bien, muchas personas traducirán esa frase en lenguaje actual diciendo; "Me he programado para no fumar más de 5 cigarrillos diarios."

Entre las palabras inglesas que más frecuentemente encontramos, están las cuatro siguientes:

Input Aun cuando esto puede traducirse por insumo (= bienes empleados en la producción de otros bienes), sólo se hace en economía, En Informática *input* o entrada es lo que se introduce en la computadora, lo que se programa en ésta, si tomamos, por ejemplo, una calculadora de bolsillo, el *input* o entrada que vamos a darle es 3 + 3. El resultado será 6; eso se llama: *Output,* Resultado de salida.

Como el personal de informática esta altamente especializado, emplea corrientemente palabras en inglés y llama: *Hardware* al conjunto de los medios mecánicos (en su sentido más amplio) necesarios para la explotación electrónica de los datos; también se le dice *mecatrónica*; y *progralógica* al *software,* material de utilización, la parte operacional de la informática, que elabora y redacta los programas.

Hablando en términos profanos, podríamos decir que el *hardware* es lo que contituye la ferretería y electrónica con cables, metal, plástico y corriente eléctrica, y *software* la parte mental la parte intelectual de las computadoras.

INFRAESTRUCTURA f. (Del latín *infra,* debajo de, y *estructura*). Parte de una construcción que está bajo el nivel del suelo. Habitualmente, cuando los periódicos hablan de las "infraestructuras", se están refiriendo al conjunto de elementos indispensables al hábitat humano, por ejemplo, las instalaciones de electricidad, agua, drenaje, etcétera, que deben estar aseguradas antes de contemplar la posibilidad de asentamientos humanos en un lugar dado.

INSUMO m. Bienes empleados en la producción de otros bienes.

INSUMIR Emplear, invertir dinero.

IZQUIERDA Véase Derecha.

LÁSER m. Radiotécnica. Sigla de la expresión inglesa *Light Amplification by Stimulated Emission of Radiations* (amplificación de la luz mediante emisión estimulada de radiaciones) con que se designa una variedad de maser (potente amplificador de ondas centimétricas) que permite obtener rayos de luz coherente particularmente intensos (PLT).

La ciencia-ficción y las películas de agentes secretos nos han mostrado el "rayo láser" como un rayo de muerte. La cirugía moderna, en cambio, lo está empleando eficazmente en algunos casos como un auxiliar para la conservación de vidas en peligro.

LSD Droga alucinógena. Su fórmula química $C_{20}H_{25}N_1O$. Es un derivado del ácido lisérgico ($C_{16}H_{16}N_2O_2$), un alcaloide cristalino que se emplea en la investigación médica.

MAFFIA f. Asociación secreta de malhechores. A veces se emplea también en el sentido de "camarilla", o sea un conjunto de personas que influyen en los asuntos del Estado y, por extensión, en otras cosas.

MALTHUS (THOMAS ROBERT) economista británico (1766-1834). Publicó en 1798, en forma anónima, *Ensayo sobre el principio de la población*, en 1803, y bajo su propio nombre, lo editó con el título de *Resúmenes sobre los efectos pasados y presentes relativos a la felicidad de la humanidad.*

MALTHUSIANISMO m. Esta corriente ideológica preconiza la limitación de los nacimientos, para contrarrestar la desproporción prevista para el porvenir entre población y alimentos. Como decía Malthus, la población aumenta en progresión geométrica y la producción de alimentos, en progresión aritmética.

O sea, que es insuficiente fomentar la agricultura; además, se impone reducir el número de nacimientos, so pena de que la Tierra se revele incapaz de alimentar a sus habitantes.

En la actualidad comenzamos a percatarnos de la exactitud de los vaticinios de Malthus. Sin embargo, como su nombre ha sido una "mala palabra" durante más de siglo y medio diríase que no queremos traicionar a nuestros tatarabuelos reconociendo que "Malthus tenía razón".

MANIQUEÍSMO Secta de los maniqueos.

MANIQUEO o MANES Fundador de la secta de los maniqueos, nacidos en Persia (215-276). Manes explicaba la mezcla del bien y del mal, atribuyendo (como Zoroastro) la creación a dos principios; uno esencialmente bueno, que era dios, el espíritu o la luz; y otro esencialmente malo, el diablo, la materia o las tinieblas.

En la actualidad, al hablar de maniqueísmo —palabra que algunos periodistas emplean sin pensar que muchos lectores ignoran el sentido que tiene— suele hacerse referencia a esa teoría de "todo bueno o todo malo", sin matices; el menor defecto convierte en malo algo que habría sido bueno.

MARXISMO m. Doctrina de Carlos Marx y sus secuaces, que se funda en la interpretación materialista de la dialéctica de Hegel aplicada al proceso histórico y económico de la humanidad, y es la base teórica del socialismo y del comunismo contemporáneos. Movimiento político y social que, en nombre de esa doctrina, pretende imponer en el mundo la dictadura proletaria (DRA).

Es evidente, por su modo de expresión, que los redactores del DRA no solamente no son marxistas, sino que además son enemigos de la doctrina marxista. Busquemos, pues, un punto de visa más imparcial: el *Pequeño Laurousse en color*, publicado en España aunque parte del texto original haya sido redactado en Francia:

"El aspecto filosófico del *marxismo* o *materialismo dialéctico* es una vigorosa reacción contra las filosofías idealistas y dualistas a las que considera como ideologías destinadas a servir a la burguesía y a debilitar al proletariado en su lucha. Las principales tesis del materialismo dialéctico son: la existencia de una materia independiente del pensamiento, considerado como materia consciente, y el desarrollo de esta materia por oposiciones o negaciones sucesivas. Este análisis filosófico conduce a un método de pensamiento y acción que abarca todos los dominios del conocimiento. El *materialismo histórico* extiende el principio de materialismo dialéctico al orden de la vida social.

"Según esta teoría, la historia está determinada por la contradicción entre los modos y relaciones de producción, los cuales desembocan en la lucha de clases. El aspecto económico del marxismo está basado en la *teoría del valor*, el valor es la expresión de la cantidad de trabajo social contenido en una mercancía entendiéndose por trabajo social el tiempo medio necesario para producción de una mercancía en una época determinada. La *plusvalía* es la diferencia entre el valor creado por el obrero durante una hora de trabajo y el salario que recibe; en el régimen capitalista, este índice depende del grado de explotación del obrero."

MARXISMO-LENINISMO m. Doctrina comunista inspirada en Marx y Lenin,

MASIFICACIÓN f. Como tampoco he encontrado esta definición, le he pedido al profesor Arrigo Coen Anitúa que me hiciera el favor de explicarme la palabra. Consiste en hacer las cosas para que lleguen a las masas, es decir que, como la población ha crecido tanto, todo lo que se haga —productos, artículos, ideas, etcétera— debe hacerse de manera que alcance a todos los componentes de la "masa".

MASONERÍA o FRANCMASONERÍA En francés, la palabra *maçon* (se pronuncia *masón*) significa albañil. En la Edad Media, los artesanos franceses estaban organizados en corporaciones; muy diferentes de las organizaciones sindicales modernas, las corporaciones respetaban la jerarquía: maestro, oficial, aprendiz... La corporación o gremio de la construcción parece haber llegado a organizarse en una cofradía que, como unión de ayuda mutua al principio, se convirtió en sociedad secreta en el siglo XVI, y admitió miembros que no fueran del gremio. Esa transformación parece haber culminado en 1717 con la fundación de la Gran Logia de Londres. Para establecer una comparación con el mundo de los deportes, podríamos decir que la masonería es como una liga internacional a la que adhieren las ligas nacionales.

Éstas, a su vez, están constituidas por clubes o logias, y cada una de las logias cuenta entre sus miembros a un venerable (presidente), maestros, oficiales y aprendices. Sus emblemas son el mandil, el compás, la escuadra y la "cuchara" (o troella) de albañil.

Aun cuando la Iglesia católica ha excomulgado a la masonería, sus miembros creen en Dios y respetan la religión, sea cual fuere: en una misma logia puede haber israelitas, católicos, protestantes, budistas, musulmanes, etcétera. Durante la Segunda Guerra Mundial, en los países ocupados los nazis se dedicaron sistemáticamente a perseguir a los masones y a destruir su organización.

MORBO m. Esta palabra, propiamente definida, significa "enfermedad". Sin embargo, con frecuencia oímos o leemos: "Esos espectáculos sólo sirven para satisfacer el *morbo popular.*" El diccionario nos haría pensar que se trata de "una enfermedad", y en realidad sólo se trata de una desviación mental. El "morbo" se satisface presenciando escenas sangrientas, crueles, etcétera. Pero no todas las personas son "morbosas", y consideraremos "sanas" a las que no experimentan una satisfacción malsana al presenciar esas escenas sin sentir repugnancia.

NACIONALSOCIALISMO m. Doctrina política y económica fundada por Adolfo Hitler en 1923, que defiende la concepción totalitaria del Estado, la dirección e intervención estatal en la economía, el poder absoluto del Führer (jefe), afirmando la supremacía de la raza germánica y la extensión territorial alemana basada en la teoría del espacio vital (también se llama "nazismo").

NACIONALIZACIÓN f. Paso a la colectividad de ciertos medios de producción pertenecientes a particulares, ya para servir mejor el interés público, ya para asegurar mejor la independencia del Estado o para castigar la falta de civismo (o el egoísmo) de sus propietarios.

NACIONALISMO m. Apego de los naturales de una nación a ella, propia y a cuanto le pertenece. Doctrina que exalta en todos los órdenes la personalidad nacional completa o lo que reputan como tal los partidarios de ella. Aspiración o tendencia de un pueblo o raza a constituirse en Estado autónomo (DRA). El PLC dice solamente: Doctrina que sostiene las aspiraciones exclusivamente nacionales.

NACIONALIZAR Hacer que pasen a depender del gobierno de la nación, propiedades industriales o servicios explotados por extranjeros (DRA).

NEPOTISMO Se aplicó primeramente al valimiento que ciertos papas otorgaban a sus sobrinos y allegados. La palabra se ha extendido, para indicar la protección desmedida que algunos políticos o funcionarios proporcionan a sus parientes y amigos (ya no es mala palabra sino mala conducta).

OFERTA Y LA DEMANDA (LA) Cuando todavía estudiaba yo problemas de aritmética me enseñaron la ley de la oferta y la demanda, más o menos en estos términos:

Cuando hay pocos productos y muchos compradores, la oferta es baja, la demanda, alta: los precios suben automáticamente; Cuando hay muchos productos y pocos compradores, o sea cuando hay mucha oferta y poca demanda, los precios bajan. Sin embargo, a medida que he venido avanzando por el camino de la vida, he podido comprobar que tal vez me enseñaron mal, a menos que las cosas hayan cambiado:

Había una peinadora en mi barrio y tenía muchísima clientela, el permanente me costaba 100 pesos (poca oferta, mucha demanda y precio bajo). Poco después se estableció otra peinadora (esta vez, mayor oferta, igual demanda) y en cualquiera de los dos salones tenía que pagar 150 pesos. Eso no estaba de acuerdo con mi anticuada ley de la oferta y la demanda, pero sí con una ley práctica, no escrita ni explicada: dos salones tenían que vivir con el mismo número de clientes, de manera que ¡a subir los precios! En lo que se sostiene esta ley es respecto al oro y las acciones de la bolsa, la moneda de los diferentes países, las mercancías ofrecidas en el mercado internacional, que suben cuando hay mucha demanda y bajan cuando la oferta es abundante.

OLIGARQUÍA f. Gobierno de pocos. Forma de gobierno en la cual el poder supremo es ejercido por un reducido grupo de personas que pertenecen a una misma clase social. Fig. Conjunto de algunos poderosos negociantes que se aúnan para que todos los negocios dependan de su arbitrio.

OLIGARCA m. Cada uno de los individuos que componen una oligarquía.

OPUS DEI Organización de la Iglesia, llamada Prelatura Personal, fundada en 1928 por un sacerdote visionario, Josemaría Escrivá de Balaguer (1902-1975), formada por clérigos y laicos. Apoyado en un pasaje del *Génesis* (II, 15) en el que se dice que el hombre ha sido creado para trabajar, el Opus Dei fundamenta en el trabajo profesional total la tarea de la santificación: hacer del trabajo humano "por amor, obra de Dios, Opus Dei... labor sobrenatural". Además del trabajo, otro principio rector de la Institución es la libertad. Aunque fundado en España el Opus Dei tiene ramificaciones en 87 países de los cinco continentes.

ORDALÍAS f. pl. Pruebas a las que en la Edad Media eran sometidos los acusados y servían para averiguar su inocencia o culpabilidad. Las ordalías eran las del duelo, del fuego, del hierro candente, del sorteo. También se llamaban juicios de Dios (PLC).

Suele emplearse la palabra para indicar que una persona ha tenido que sufrir mucho, en lo físico o lo moral o en ambos, para conseguir algo o, simplemente, para sobrevivir.

pH (de p, potencial, y H, hidrógeno) Notación introducida por Sorensen para designar de manera cómoda y precisa el carácter ácido, neutro o básico de una solución acuosa de electrolito. Es importantísimo, para el desarrollo de ciertas funciones, que el pH se mantenga constante en el organismo. Por ejemplo, en el estómago el pH es ácido; en la sangre, ligeramente alcalino.

Por lo tanto, cuando anuncian un producto diciendo que "ayuda a mantener o conservar el pH natural", se refieren a este factor bioquímico del organismo.

PLUSVALÍA f. Acrecentamiento del valor de una cosa por causas extrínsecas a ella (véase también Marxismo) (extrínseca = ajena).

PLUTOCRACIA f. Preponderancia de los ricos en el gobierno del Estado. Predominio de la clase más rica del país.

POLARIDAD f. Fís. Propiedad que tienen los agentes físicos de acumularse en los polos de un cuerpo y de polarizarse.

POLARIZACIÓN f. Fís. Acción y efecto de polarizar o polarizarse.

POLARIZAR... Concentrar la atención o el ánimo en una cosa (DRA).

María Moliner dice: fig. Atraer una cosa la atención general o de determinadas personas. Y fig. Dirigir una persona su atención hacia determinada cosa, apartándola de otras.

Estas explicaciones son suficientes para saber que, fuera del ámbito de la física, las frases en que se encuentran esas palabras se apoyan en el sentido figurado de éstas.

POLUCIÓN f. Hablando del agua, del aire, etcétera, impurificación o contaminación.

Pasando por alto las otras acepciones vemos que, bajo la influencia del inglés y el francés, se acepta en español esta expresión, de carácter otrora esencialmente fisiológico, para indicar la contaminación.

PRAGMÁTICO, -CA adj. Perteneciente o relativo al pragmatismo.

PRAGMATISMO m. Método filosófico divulgado principalmente por el psicólogo norteamericano William James, según el cual el único criterio válido para juzgar la verdad de toda doctrina científica, moral o religiosa, se ha de fundar en sus efectos prácticos.

PRAGMATISTA adj. com. Partidario del pragmatismo o perteneciente a él. Muchísimas son las personas que dicen "somos muy pragmáticos" en vez de "somos muy prácticos", y ese uso está plenamente aceptado.

PROLETARIADO m. Clase social constituida por los proletarios.

PROLETARIO, -RIA Individuo de la clase indigente (DRA). Persona que vive de un trabajo manual pagado a jornal (PLC).

PROTEÍNA f. Quím. Sustancia natural, amorfa, coloidal, presente en los tejidos animales y vegetales, que contiene siempre carbono, oxígeno, hidrógeno, nitrógeno y, las más veces, fósforo y azufre (tomado del PLT).

Se habla de proteínas cuando se trata de la alimentación; es necesario saber qué alimentos contienen proteínas —vegetales o animales— y en qué proporciones deben ingerirse para tener una dieta equilibrada.

REACCIÓN f. Tendencia tradicionalista en lo político, opuesta a las innovaciones. Se dice también del conjunto de sus valedores y partidarios.

REACCIONARIO, -RIA adj. Que propende a restablecer lo abolido. U.t.c.s. Opuesto a las innovaciones.

También suele decirse: contrarrevolución y contrarrevolucionario, respectivamente.

RETROALIMENTACIÓN f. Otra palabra que no encuentro en ningún diccionario... pero que existe.

Se ha comenzado a emplear como traducción de *feedback*, en el lenguaje de las computadoras. Hoy la usamos en educación, psicología, etcétera y hasta para comentar las cualidades de los artículos que compramos: el fabricante nos pedirá "retroalimentación" en un cuestionario acerca del artículo que nos ha vendido, pues si le señalamos algún defecto, éste podrá ser estudiado y enmendado para mejorar la producción en cuanto a calidad.

En la enseñanza, "retroalimentación" es, normalmente, lo que el maestro va a obtener del alumno al corregir el examen de éste. Si los exámenes de los alumnos revelan que ninguno de ellos ha comprendido "la diferencia entre verbos transitivos e intransitivos", por ejemplo, el maestro pensará que la culpa es de él, que sin duda no ha explicado con suficiente claridad ese punto, y decidirá repetir su enseñanza aprovechando la indicación que representan las equivocaciones del examen; estas equivocaciones sirven de "retroalimentación" al maestro.

RHESUS (factor) ¿Rh positivo o negativo?

En 1941, los hematólogos Landsteiner y Wiener descubrieron un carácter de la sangre que tiene gran importancia, tanto para las transfusiones como para la procreación y la patología del recién nacido.

Se da ese nombre porque el suero sanguíneo del mono rhesus se emplea para determinar dicho factor en la sangre humana. El factor Rh es de carácter hereditario.

Ya se sabe que existen varios tipos de sangre —A, B, O (donador universal), AB (escaso)—. Sin embargo, esta información es insuficiente; para que no haya accidentes en una transfusión, el donante y el receptor de sangre deben, además de ser del mismo grupo sanguíneo, tener el mismo factor Rh, ya sea positivo (Rh +) o negativo (Rh–).

SISTEMA BICAMERAL Sólo he encontrado su definición en el *Gran Diccionario de Selecciones.* "Aplícase al sistema parlamentario de dos cámaras..." de diputados y senadores. En Inglaterra, Cámara de los Lores y Cámara de los Comunes. En México y en España: diputados y senadores. En Estados Unidos, representantes y senadores.

El nombre de Congreso suele darse a una asamblea nacional en la que se reúnen los miembros de ambas cámaras.

SOCIALISMO m. Sistema de organización social que supone derivados de la colectividad los derechos individuales, y atribuye al Estado absoluta potestad de ordenar las condiciones de la vida civil, económca y política, extremando la preponderancia del interés colectivo sobre el particular.

Hasta aquí, la escueta definición del DRA. Veamos lo que tiene que decirnos, más extensamente, el PLC.

SOCIALISMO m. Denominación de diversas doctrinas económicas y políticas que propugnan una distribución más justa de la riqueza y condenan la propiedad privada de los medios de producción y de cambio. / Sinón. Bolchevismo, colectivismo, comunismo, marxismo. La base del socialismo se encuentra en la denuncia de las desigualdades sociales que, desde Platón a Babeuf, no tiene más que un fundamento moral. Luego vienen las explicaciones técnicas de esas desigualdades y, después, las proposiciones de Sismondi y Saint-Simon. En esta línea aparecen, a finales del siglo XIX, el socialismo de Estado y, ya en el siglo XX, el intervencionismo y la planificación. Los *sansimonianos* y los *asociacionistas* (Fourier y Louis Blanc en Francia, Owen en Inglaterra) preconizan la sustitución del régimen de propiedad privada por una socialización estatal o por un federalismo de las asociaciones de productores concretado en las "cooperativas de consumo" y "cooperativas de producción". Con Marx y Engels aparece el *socialismo científico* o *marxismo*, que declara que la transformación de las estructuras sociales es ineludible y que ella es la consecuencia lógica de las contradicciones internas del régimen capitalista. El marxismo constituye el fundamento de la mayor parte de los partidos socialistas y la base doctrinal de los comunistas.

SUBCONSCIENCIA Estado inferior de la conciencia psicológica en el que, por la poca intensidad o duración de las percepciones, no se da cuenta de éstas el sujeto.

SUBSCONSCIENTE adj. Que se refiere a la subconsciencia o que no llega a ser consciente (DRA). m. La subconsciencia (PLC). Martín Alonso y María Moliner no dicen nada al respecto. Sin embargo, conviene explicar que en la vida corriente no oímos nunca emplear la palabra subconsciencia, sino mas bien el *subconsciente*, así, como sustantivo. Con ello queremos indicar un estrato de nuestra mente, que se distingue de la conciencia. Por ejemplo dicen que el *subconsciente* nunca olvida, para indicar que aun esforzando nuestra memoria consciente no conseguimos recordar algo pero que, después de abandonar el intento, recordaremos muy bien; ¿por qué? Porque nuestro subconsciente nos ha enviado el mensaje aunque con algo de retraso.

En realidad el *subconsciente* se considera como un descubrimiento del psicoanálisis. Las primeras teorías de éste sólo aceptaban el inconsciente.

SUBDESARROLLADO, -DA adj. País subdesarrollado: aquel en el cual el nivel de vida de sus habitantes es bajo debido a la insuficiencia de sus riquezas agrícolas y mineras y al poco desarrollo de su industria.

SUBDESARROLLO m. Estado en que se encuentra un país subdesarrollado. Normalmente se emplea la expresión "país en vías de desarrollo".

SUFRAGIO m. Sistema electoral para la provisión de cargos.

SUFRAGIO UNIVERSAL Aquel en que tienen derecho a participar todos los ciudadanos salvo determinadas excepciones.

SUFRAGIO RESTRINGIDO Aquel en que se reserva el derecho de voto para los ciudadanos que reunen ciertas condiciones. Se dice que "obtuvo todos los sufragios" en sentido figurado, de una persona que goza de la aprobación de todos, como si quienes la aprueban hubieran votado por ella.

En muchos países, los diputados son electos por sufragio universal, en cambio los senadores suelen serlo por sufragio restringido.

SUPERÁVIT m. En el comercio, exceso del haber o caudal sobre el deber u obligaciones de la caja; y en la administración pública, exceso de los ingresos sobre los gastos. No admite plural. Dice la prensa que en Kuwait existe superávit; no lo he oído decir de ningún otro país, y probablemente, tampoco ahí dure.

TAXONOMÍA f. Ciencia que trata de los principios de la clasificación. Aplicación de estos principios a las ciencias particulares.

TECNOCRACIA f. Gobierno de un país por técnicos de las distintas materias, y no por personas que son políticos exclusivamente. Clase social formada por los técnicos (ingenieros, etcétera) (MM).

A estos técnicos se los llama: tecnócratas. Por eso...

TERCER MUNDO La *Enciclopedia Británica* dice (en inglés, claro está): "Designación indeterminada común en las décadas de 1950 y 1960 ya fuera para indicar las naciones asiáticas y africanas que slían del estado colonial o a países no industriales y en desarrollo general; originalmente se empleó en el sentido de un tercer "bloque" distintos de los países occidentales y de los comunistas."

Habría que establecer listas de los países del 1º , 2º, 3º y, por lo que hemos leído a veces en la prensa, el 4º y el 5º mundos. Para no herir susceptibilidades, dejemos así las cosas.

TERRORISTA com. Persona partidaria del terrorismo. adj. Que practica actos de terrorismo. U.t.c.s.m. Perteneciente o relativo al terrorismo. Dícese del gobierno, partidario, etcétera, que practica el terrorismo.

TERRORISMO Dominación por el terror. Sucesión de actos de violencia ejecutados para infundir terror.

TOTALITARIO, -RIA adj. Dícese de los regímenes políticos no democráticos en los cuales los poderes ejecutivo, legislativo y judicial están concentrados en un pequeño grupo de dirigentes, quienes sacrifican los derechos fundamentales de la persona humana a favor de la razón del Estado.

TRANSNACIONAL s. y adj. Dícese de la compañía cuya actividad económica se ejerce en un país, aun cuando su capital y sus accionistas proceden de otro país; de la compañía que tiene sucursales en diferentes países.

TRAUMA m. (En cirugía; *traumatismo* o sea una lesión física de los tejidos por agentes mecánicos, generalmente externos).

TRAUMA PSÍQUICO Choque o sentimiento emocional que deja una impresión duradera en la subconciencia (*subconsciencia*; actualmente se emplea más frecuentemente su sinónimo: *subconsciente*).

Eso, sin embargo, no explica la expresión que oímos con frecuencia: "Está traumatizada" o "Está *traumada* por algo que le pasó." Desde luego, ninguno de los dos verbos (traumar, traumatizar) aparece en los diccionarios; todavía no, pero todo llegará. Podemos definirlos a nuestra manera, indicando que *traumar* se está poniendo de moda en detrimento de *traumatizar:* causar shock psíquico.

Para esa definición nos apoyamos en MA que dice: *trauma psíquico* (Psicol.) Conmoción o shock emotivo que puede causar un transtorno permanente en las funciones psíquicas.

Evidentemente, buscando en MA la definición de shock, no la encontramos y pasamos al PCL, que nos dice: *shock:* (Med.) Súbita y grave depresión física y psíquica producida por una conmoción fuerte.

Si no se quiere decir en inglés, se entenderá perfectamente cuando se exprese así: sufrió una conmoción.

El lector habrá observado que escribimos psíquico con *p* inicial. Esto también está pasando de moda; en todo caso, no se pronuncia ya esa *p*, de carácter exclusivamente etimológico.

USUCAPIÓN Modo de adquirir el dominio de una cosa, por haber pasado el tiempo que las leyes señalan para que pueda reclamarlo su anterior legítimo dueño.

Bibliografía

ALONSO, AMADO Y PEDRO HENRÍQUEZ UREÑA. *Gramática Castellana*, 2° curso, 15a. edición. Ed. Losada, Buenos Aires, 1958; *Gramática Castellana*, 1er curso, 4a. ed., Buenos Aires.

ALONSO, MARTÍN. *Ciencia del Lenguaje y Arte del Estilo*. Madrid, Aguilar, 1949 y 1973.

BASULTO, HILDA. *Curso de redacción dinámica*, México, Trillas, 1986. 12ª edición.

—*Ortografía actualizada*. México, McGraw Hill, 1986.

BRICE HEATH, SHIRLEY. *La política del Lenguaje en México: de la colonia a la nación*. Mexico, SEP e INI, 1972.

CASARES, JULIO. *Novedades en el Diccionario Académico*. Madrid, Aguilar, 1963.

COEN ANITÚA, ARRIGO. *Para saber lo que se dice*. México, Domés, 1986.

COLÓN MANRIQUE, JULIO Y JULIO COLÓN GÓMEZ. *Arte de traducir el inglés*. México, [s. e.], 1952 y 1954. Propiedad de los autores.

DÍAZ-TRETG, E. *Diccionario de dificultades de la Lengua Española*. Barcelona, Marín,

Diccionario Enciclopédico González Porto. México, Renacimiento,1971.

ETIEMBLE, *Parlez-vous franglais?* París, Gallimard, 1965.

GUASCH LEGUIZAMON, JORGE. *Galicismos aceptados, aceptables y vitandos*. Buenos Aires, Kapelusz,1951.

GIRAUD, PIERRE. *La semántica*. México, FCE, 1960.

MIGUEL SAAD, ANTONIO. *Redacción*. México, Cía. Editorial Continental, México, 1986. 6ª impresión.

MOLINER, MARÍA. *Diccionario de Uso del Español*, Madrid, Gredos, 1975.

MORENO DE ALBA, JOSÉ G. *Valores de las formas verbales en el español de México*, México, UNAM, 1978.

—*Minucias del lenguaje*. México, Océano, 1987.

REAL ACADEMIA ESPAÑOLA, *Diccionario de la lengua española*. España, Espasa Calpe, XVIII edición [actualmente el DRA ya está en la XXII edición].

Simon and Schuster's International Dictionary. English/Spanish, Español/Inglés, Nueva York, Simon and Schuster, 1973.

Hablar bien no cuesta nada y escribir bien, tampoco,
de Leonor Tejada,
fue impreso y terminado en mayo de 2013
en Encuadernaciones Maguntis, Iztapalapa,
México, D. F. Teléfono: 5640 9062.

Lectura de pruebas: Hugo Espinoza Rubio

Cuidado de la edición: César Gutiérrez

Quarzo

Libros sencillos para gente práctica

La lectura para el
desarrollo infantil

La lectura para el desarrollo infantil

Marcela Magdaleno

Este libro es una obra que toda madre, maestra, maestro, educadora, o quien conviva con niños, puede utilizar para enriquecer el aprendizaje y la diversión infantil por medio de la lectura. Este libro se creó a partir de la propia experiencia de la autora, quien trabaja y convive con niños y niñas para orientarlos hacia la evolución integral.

La finalidad de este libro es que los padres y maestros tengan las herramientas para encontrar el talento que cada uno de los niños puede desarrollar, apoyándose en lecturas en las que encontrarán progreso, bienestar y felicidad.

EL HOMBRE Y SUS IDEAS
Saber y conocimiento para crecer

Leo, luego escribo
Mónica Lavín

A solas, con la luz suficiente y sin que te vean los adultos se disfruta completamente: la lectura. No hay nada peor que leer por obligación, porque es la tarea, porque ¡tienes que hacerlo!

Leer es como escuchar música: sólo lo que a ti te guste y en el momento que tú elijas. Además, tómalo como pasatiempo o distracción... te darás cuenta de que abrir un libro es como dejar atrás el mundo de las obligaciones.

Entonces, si quieres aprender a disfrutar la lectura sin que nadie te obligue a hacerlo, échale una mirada a este libro. Después surgirán en ti esas ganas de escribir tus propias historias, tus ocurrencias, tus ideas...

www.ingramcontent.com/pod-product-compliance
Lightning Source LLC
Chambersburg PA
CBHW060238290526
45789CB00001B/105